Manfred Twrznik



# Was Frauen glücklich macht … … und Männer wissen müssen

Claudius

Textnachweis

S. 17, Aus: Richard Rohr, Der wilde Mann. Claudius Verlag, München
S. 103, © Gütersloher Verlagshaus GmbH, Gütersloh
S. 189, Luisa Francia aus: Internet Tagebuch, www.salamander.de/tagebuch

**Bibliografische Information Der Deutschen Bibliothek**
Die Deutsche Bibliothek verzeichnet diese Publikation in der Deutschen Nationalbibliografie; detaillierte bibliografische Daten sind im Internt über <http://dnb.ddb.de> abrufbar.

2. Auflage 2004

Birkerstraße 22, 80636 München
www.claudius.de

Umschlaggestaltung: Werner Richter, München
Foto: Bokelberg/Picture Press
Satz: Competext, Heidenrod
Druck: fgb, freiburger graphische betriebe, www.fgb.de

ISBN 3-532-62306-4

# Inhalt

## Einleitung



## Der Wilde Mann



## Die Wolfsfrau



## Das Feuerpaar

*Ich widme dieses Buch*

*meiner Mutter –*
*die mir Lebensfreude, Frohsinn*
*und Behutsamkeit gegeben hat,*

*meiner Schwester –*
*die mir Achtsamkeit, Offenheit*
*und Optimismus vorgelebt hat,*

*meinen Interviewpartnerinnen –*
*die mir Einblick in ihre Sehnsüchte*
*gewährt haben,*

*Gabi –*
*die mir viele Jahre lang eine*
*wunderbare Partnerin war,*

*und meiner geliebten Wolfsfrau –*
*die mir das Feuer geschenkt hat.*

# Einleitung

Wir Frauen
haben das Problem,
dass wir mit den
verunsicherten Männern
leben müssen.

(Teilnehmerin bei einem meiner Vorträge)

## 1. Ein paar Gedanken am Anfang

Schon wieder ein Buch über Beziehungen. Gibt es davon nicht schon genug? Sicher existieren bereits sehr viele Bücher zu diesem Thema, keines jedoch unter dem Blickwinkel wie dieses. In diesem Buch geht es darum, was ein Mann zum Gelingen seiner Beziehung beitragen kann, wie er sein Mann-Sein lustvoll und kraftvoll leben und dabei gleichzeitig die Frau an seiner Seite glücklich machen kann. In diesem Sinne richtet sich das Buch auch in erster Linie an männliche Leser. Frauen werden beim Lesen dieses Buches dennoch viel erfahren – über Beziehungen, über sich selbst und vor allem natürlich über Männer.

„Was Frauen glücklich macht – kann ein Mann das überhaupt wissen?" Diese Frage war immer die erste, die mir gestellt wurde, wenn ich jemandem von diesem Buchprojekt erzählt habe. Auch ich habe sie mir ernsthaft und gewissenhaft gestellt, bevor ich die Arbeit an diesem Buch begonnen habe. Und ich bin zu dem Schluss gekommen, dass es in dieser allgemeinen Sicht möglich ist.

Kann ein anderer jemals wissen, was einen Menschen konkret glücklich macht? Nein, natürlich nicht. Aber er kann jene Fundamente bauen, die dafür hilfreich sind. Und genau darum geht es: „was Frauen glücklich macht" und nicht „was eine ganz bestimmte Frau glücklich macht".

Es geht in diesem Buch nicht um die Rettung einer konkreten Beziehung, sondern um Grundlagen, die Beziehungen lebenswerter, schöner, lebendiger machen. Ich stelle hier keine Rezepte vor, das ist wohl kaum sinnvoll. Nach einer neueren Studie besteht das Geheimnis für einen super-erfolgreichen Film aus 60% Action, 25% Liebe, 10% Humor und 5% Drama. Kannst Du, lieber Leser, nun einen super-erfolgreichen Film drehen? Ich auch nicht. Daher biete ich Dir kein sinnloses Rezept, sondern ich beschreibe die einzelnen Gewürze und Zutaten – wie Du diese dann in Deiner Beziehung einsetzt, bleibt Deinem Gespür überlassen.

Doch wieso glaube ich als Mann die Fundamente für das Glück der Frauen beschreiben zu können? Nun, ich meine sogar, dass nur ein Mann einem anderen Mann diese Gewürze und Zutaten wirklich verständlich beschreiben kann. Männer und Frauen sprechen zum Großteil unterschiedliche Sprachen, gerade wenn es um Beziehungen geht. Und so habe ich versucht, zu übersetzen. All das, was ich in diesem Buch erzähle, ist entstanden aus meiner eigenen, persönlichen Erfahrung und aus der Erfahrung mit den Teilnehmern meiner Männerseminare. Oft ist hier gerade das Durchleben des Scheiterns einer Beziehung der Lehrmeister gewesen, auch ich habe durch meine Scheidung sehr viel gelernt.

Damit aber nicht nur die männliche Sicht einfließt, sondern auch die weibliche, habe ich mehr als 40 Frauen interviewt. Ich habe sie gefragt, was sie glücklich macht und was ihr Partner dazu beitragen kann. Sie haben mir erzählt, was sie sich in der Beziehung anders wünschen und wo sie sich eingeengt fühlen. Das, was ich dabei erfahren habe, hat mich berührt, manchmal erschreckt, mir einige Aha-Erlebnisse beschert und mich doch zum Großteil bestätigt. Die Essenz aus diesen Interviews durchwirkt das ganze Buch.

Seit nunmehr neun Jahren halte ich Männerseminare und Vorträge und kann auf eine Erfahrung von über 1300 Stunden zurückblicken. In all diesen Seminaren und Vorträgen ging es darum, Männer zu sich selbst zu führen, sie zu verwurzeln, ihnen einen Zugang zu ihrer inneren Kraft und Ruhe zu geben. Und fast immer – oft von den

Teilnehmern selbst – ist das Thema Beziehung angesprochen worden. Es ist für viele Männer ein heißes Eisen.

Von einem Mann wird heutzutage, gerade was die Beziehung betrifft, fast alles verlangt. Außer Kinderkriegen und Stillen gibt es eigentlich nichts mehr, was er nicht können soll. Und gleichzeitig existiert bei vielen Männern eine große Verunsicherung, die durch das Wegbrechen der alten Traditionen und Lebensweisen entstanden ist. Früher wusste ein Mann ziemlich genau, was von ihm erwartet wird. Er konnte sich an die gängigen männlichen Rollenbilder halten oder sich dagegen stemmen, auf jeden Fall konnte er sich daran messen. Heute sind die Möglichkeiten, Beziehung zu leben, sehr vielfältig geworden und die Ansprüche der Frauen an Beziehungen sind massiv gestiegen. Das rührt wohl zum Großteil daher, dass die Frauen ihr Selbstbewusstsein stark weiterentwickelt haben. Sie sind selbstbewusster geworden, sie meistern ihr Leben und sind nicht mehr auf die Beziehung angewiesen. Frauen leben heute eine Beziehung, weil sie wollen, nicht weil sie müssen. Nun sind wir Männer an der Reihe, Schritte vorwärts zu gehen, wenn wir die Frauen nicht verlieren wollen. Und – wie ich aus eigener Erfahrung genauso wie aus dem Feedback meiner Teilnehmer sagen kann – der Weg vorwärts ist auch für uns Männer ein großer Gewinn!

Ein Großteil der Probleme in den heutigen Beziehungen stammt von der Schwachheit der Männer. Viele Männer sind schwach und verunsichert, müssen jedoch aus ihrem Rollenverständnis heraus den Starken spielen. Diese unechte Stärke führt dann zu Machtgehabe, zu Unterdrückung oder zur Ziel-, Plan- und Lustlosigkeit. Mit diesem Buch versuche ich, viel von dem aufzuzeigen, was Dich beziehungsfähiger machen, was Dir Kraft und wirkliche Stärke geben kann. Wenn ein Mann aus der Kraft seiner inneren Ruhe, des Sich-selbst-Kennens und Er-selbst-Seins, des Tief-verwurzelt-Seins und In-seiner-Mitte-Ruhens agieren kann, dann hat er wirkliche Stärke und ist ein Geschenk für jede Beziehung.

Frauen wünschen sich einen Partner, der diese wirkliche innere Stärke, Ruhe und Gelassenheit hat und gleichzeitig auch lebendig, lustvoll und energiegeladen ist. Sie sehnen sich nach einem „ganzen" Mann an ihrer Seite. Nach einem Mann, der weiß, was er will, und das auch ausspricht, der sie respektiert und begehrt, der achtsam und behutsam, spontan und leidenschaftlich ist. Sie wollen einen zärtlichen Rebellen statt eines Couch-Potatoes. Sie möchten einen Mann, der auch die früher als „weiblich" eingestuften Bereiche übernehmen kann, ohne dass es seiner Männlichkeit einen Abbruch tut. Der zum Beispiel das Baby wickelt oder die Wäsche wäscht, ohne dadurch zum Softie zu werden. Sie wünschen sich einen Mann, der stark genug ist, eine starke Frau neben sich nicht nur auszuhalten, sondern der das Geschenk, das sie ist, zu schätzen weiß. Sie sehnen sich nach einem „Wilden Mann".

Und so beginnt dieses Buch auch – nach einer kurzen Bestandsaufnahme – mit einem großen Abschnitt, in dem es um Dich selbst und Deinen Weg zum Wilden Mann geht. Um den Wilden Mann in Dir zu wecken, ist es unumgänglich, Dich selbst besser kennen zu lernen. Daher werden wir in diesem Bereich eine Reise durch Dein Leben unternehmen, von Deiner Kindheit bis heute, und all das anschauen und bewahren, was schön und hilfreich war – den Ballast werden wir loslassen. Wir werden uns viel mit Grundlagen befassen, mit dem, was Dich daran hindern kann, eine Frau glücklich zu machen und selbst glücklich zu sein. Wir werden Deinen ureigenen Pfad zum Wilden Mann suchen und gehen.

Im darauf folgenden Abschnitt des Buches geht es um die Wolfsfrau, das weibliche Gegenstück zum Wilden

Mann. Dieser Teil ist etwas kürzer, da ja viel vom Wilden Mann direkt auf die Wolfsfrau übertragbar ist und so nicht noch einmal wiederholt werden muss. In diesem Bereich wirst Du auch mit Deiner inneren Weiblichkeit in Berührung kommen, etwas, was Dir für Deine Beziehung sehr hilfreich sein wird.

Der danach kommende Teil des Buches ist dem Feuerpaar gewidmet, der Beziehung zwischen dem Wilden Mann und der Wolfsfrau. Alles, was ich an Fundamenten für eine gelungene, lustvolle Beziehung kenne, habe ich hier festgehalten. Natürlich handelt es sich dabei eben nicht um Rezepte, sondern um Gewürze, über deren konkrete Anwendung in Deiner Beziehung Du selbst entscheiden musst. Doch ich vertraue darauf, dass Dir das nach der genauen Beschreibung nicht schwer fallen wird. Der letzte Abschnitt des Buches, „Der mit der Wolfsfrau tanzt", wird Dir dabei zusätzlich behilflich sein.

Dieses Buch ist von seiner Idee her eher ein Arbeitsbuch, ein Buch zum Nachdenken, Nachspüren, In-die-Tiefe-Gehen. Vor allem in den ersten Abschnitten werden Dir viele Fragen gestellt, deren Beantwortung Dich eine Menge lehren kann. Wenn Du jedoch eher ein schneller, neugieriger Leser bist, dann lade ich Dich ein, auch dieses Buch in einem durchzulesen. Wenn Du es allerdings noch einmal liest und den Fragen dann mehr Zeit widmest, wirst Du viel mehr davon profitieren. Natürlich kann ein einzelnes Buch nicht in allen Bereichen, die Partnerschaften betreffen, bis in die letzten Details gehen – dafür gibt es am Ende des Buches Hinweise auf vertiefende Literatur.

Ich habe in diesem Buch den Fokus nur auf die Zweierbeziehung zwischen Mann und Frau gelegt. Natürlich ist mir bewusst, dass es auch noch viele andere Beziehungen gibt – in Arbeit, Familie oder Freundeskreis –, die ebenfalls Einfluss auf die Zweierbeziehung haben. Doch diese mit zu betrachten, würde den Rahmen des Buches sprengen. Ich vertraue darauf, dass Du die Erkenntnisse, die Du über Deine Partnerschaft gewinnst, auch auf Deine restlichen Beziehungen übertragen kannst. Häufig liegt der Blick auf bestehenden Beziehungen. Vieles lässt sich aber genauso für eine zukünftige Partnerschaft nutzen – ich bin sicher, dass Dir das gelingen wird.

Das Ziel ist, dahin zu kommen, dass Du eine erwachsene Beziehung lebst. Eine Beziehung zwischen Mann und Frau, keine Beziehung zwischen Vater und Tochter oder Mutter und Sohn, wie man sie bei vielen Paaren sieht. Auch keine Beziehung zwischen Bub und Mädel, wie sie ebenfalls vorkommt. Vor allen Dingen aber keine Beziehung, in der es heißt „ich kann ohne Dich nicht leben", sprich „ich bin ohne Dich nichts wert". Es gibt so viele Scheidungen und Beziehungen, die auseinander gehen. Und es gibt so viele Paare, die beisammen bleiben, obwohl ein Partner oder beide unter der Beziehung leiden. Es ist hoch an der Zeit, dass wir eine neue Beziehungskultur leben! Mein Ziel ist eine Beziehung, die auf dem gegenseitigen „ich will mit Dir leben" beruht, eine Beziehung, die darauf beruht, dass man miteinander den Weg gehen will, einander Gefährte sein will.

Mit diesem Buch lege ich die Quintessenz dessen, was ich von Beziehungen weiß, in Deine Hände. Die Höhen und Tiefen meines eigenen Lebens, die Erfahrungen und Probleme der Teilnehmer meiner Seminare und die Träume, Wünsche und Sehnsüchte meiner Interviewpartnerinnen sind der Stoff, aus dem dieses Buch gemacht ist. Wenn Du Dich darauf einlässt und es mit einem offenen Herzen liest, dann wird es Deine Beziehung bereichern und Dich und Deine Partnerin glücklicher machen.

*Wien, im Sommer 2003*
*Manfred Twrznik*

## 2. Mann = Geld, Sex und Macht?

*„Nimm ihnen Geld, Sex und Macht – und die meisten Männer dieser Erde haben keine Lebensmotivation mehr. Sie sind unfähig zu entscheiden, wie und wofür sie leben und wer sie wirklich sein wollen." (Richard Rohr)*

Bleibt wirklich nichts übrig, wenn man einem Mann „Geld, Sex und Macht" wegnimmt? Gibt es sonst nichts, was uns mit Leben erfüllt? Anders herum betrachtet: Sind die drei wirklich genug für ein erfülltes Leben? Schauen wir uns doch einmal um: Was ist es denn, was Männer bewegt, was ihnen Kraft und Energie gibt? Natürlich sind Geld, Sex und Macht wichtig, doch mit Begeisterung und Lebensfreude erfüllen sie uns nur, wenn sie nicht alleine dastehen.

Geld hat sicherlich für jeden Mann große Bedeutung. Wir alle brauchen Geld, um unser Leben gestalten zu können, kaum einer kann (und will) sich der Gesellschaft so weit entziehen, dass er (fast) ohne Geld leben kann. Doch Geld haben allein macht nicht glücklich. Es gibt so viele Männer, die genug Geld haben und deren Leben trotzdem schal und leer ist. Es kommt, wie immer, darauf an, was man daraus macht! Geld ist ein wunderbares Mittel, um das Leben angenehm und schön zu gestalten, doch mehr ist es nicht.

Mit Geld kann man vieles kaufen, aber die schönsten, bereicherndsten und aufregendsten Dinge nicht: Liebe, Beziehung, Spontaneität, Ziele, Visionen usw. Sie alle geben uns viel mehr Kraft und Energie, als es der größte Lottogewinn jemals vermag. Nicht umsonst hat eine Studie über Lottogewinner ergeben, dass die meisten von ihnen Jahre nach dem Gewinn um nichts glücklicher waren als vorher. Sicher, das Haus und das Auto waren größer, die Kleidung und der Schmuck exklusiver. Doch im Endeffekt hat sich nur ihr Lebensstandard verändert, sie selbst sind gleich geblieben. Das viele Geld hat ihnen nicht zu mehr Glücklich-Sein und Zufriedenheit verholfen – eher im Gegenteil, der Gewinn hat oft nur Stress ausgelöst. Es musste plötzlich damit „gearbeitet" werden, das Leben umgekrempelt werden, „koste es, was es wolle". Nur wenige haben es geschafft, mit dem Geld ihr Leben zu bereichern, statt es bloß zu verändern.

Und wie ist das beim Sex? Sex kann sicher einer der schönsten Bereiche unseres Lebens sein. Doch auch hier kommt es wieder auf die Art und Weise an. Oberflächlicher Sex, aneinander gereihte One-Night-Stands, schnelle Nummern, die allein im Körperlichen bleiben, sind sicher angenehm und vielleicht auch manchmal aufregend. Aber sind sie auf Dauer auch erfüllend? Geben sie uns wirklich das, wonach wir uns sehnen, stillen sie unsere Sehnsüchte? Ist reiner Sex genug oder verlangt es uns letztlich doch nach mehr?

„No Sex, no Energy" – ein Ausspruch, der vielleicht zu drastisch ist und dennoch ganz richtig darauf hinweist, dass Sex uns sehr viel Energie geben kann. Gerade uns Männern gelingt es oft im Sex am leichtesten, Zugang zu unserer inneren Energiequelle, zu unserem inneren Feuer zu finden. Und Sex ist auch Nahrung für unser Feuer. Doch die Frage bleibt: Wird es bloß ein Strohfeuer oder gibt es uns wirklich lang anhaltende Glut?

Sexualität, die auf allen Ebenen, mit dem Körper, dem Geist und der Seele erlebt wird, ist etwas Wunderbares. Der Sex selbst ist dabei nur die Ausdrucksform, die Kommunikationsform in der Begegnung zweier Menschen. Im Miteinander, im Aufeinander-Einlassen, im Verschmelzen beider Wesen entsteht die Urkraft des Lebens, erfahren wir Unendlichkeit, entzünden wir das Feuer in uns und geben ihm lang anhaltende Nahrung. Sex ohne diese tiefe Begegnung ist eine mehr oder weniger angenehme, erleichternde, befriedigende Sache – doch unsere Seele berührt sie nicht. Und daher reicht oberflächlicher Sex auch nicht aus, um uns mehr als einen Moment lang glücklich zu machen.

Macht ist wohl das zweischneidigste Schwert überhaupt. Jeder Mann möchte zumindest in einem kleinen Bereich Macht haben, keiner ist gerne Macht-los. Doch Macht haben bedeutet immer auch Verantwortung haben. Und wenn man sich dieser Verantwortung nicht stellt, missbraucht man seine Macht. Gerade diese Verantwortung ist oft ein ungeliebter Preis für die Macht, die man erhalten hat. Dazu gesellt sich dann nach einiger Zeit noch ein anderer Preis, der zu zahlen ist: die Einsamkeit. Je mehr Macht ein Mann hat, je höher er auf der Karriereleiter geklettert ist, je mehr Menschen ihm unterstellt sind, umso einsamer wird er. Man sieht so viele verbitterte, grantige, ausgebrannte Manager und so wenige, die Lebensfreude und Frohsinn ausstrahlen!

Interessant ist auch, dass wir alle Macht haben, die wir nur zu oft nicht wahrnehmen: die Macht, unser Leben zu gestalten. Sicher, wir leben in einem gesellschaftlichen Rahmen mit Ordnungen, Normen und Gesetzen, doch die Möglichkeiten, die wir innerhalb dieser Grenzen haben, sind enorm. Wir haben mehr Optionen, wo wir leben wollen, welchen Beruf wir ergreifen wollen, welches Hobby wir pflegen, mit wem wir Umgang haben, als jemals Menschen zuvor hatten. Dennoch erleben sich so viele Männer als fremdbestimmt, glauben nicht an die Macht über sich selbst und reagieren nur, statt zu agieren. Die Erfahrung zeigt: Wenn wir die Macht und die Verantwortung über unser eigenes Leben übernehmen, dann gibt uns das innere Stärke und Lebensfreude.

So haben Geld, Sex und Macht einen großen Anteil an unserem Leben, bereichern können sie es aber nur, wenn wir richtig mit ihnen umgehen: Geld verwenden, um die Basis für anderes zu schaffen, Sex als tiefe Begegnung mit der Partnerin erleben, Macht und Verantwortung für den eigenen Lebensweg tragen – das gibt uns Kraft und Energie. Und es gibt uns die Möglichkeit, mehr aus unserem Leben zu machen, denn selbst wenn wir alle drei besitzen, so sind sie alleine nicht genug.

Das, was immer noch bleibt, wenn man Geld, Sex und Macht wegnimmt, das sind wir selbst! Unsere Träume, Wünsche und Visionen, unsere Potentiale und Talente, unser ureigenstes, einmaliges Wesen. Und das gilt es zu entdecken, zu fördern, zu entfalten. Wenn wir uns auf die Reise zu uns selbst machen, zu unserem Innersten, wenn wir unseren Weg suchen, erkennen und dann gehen, werden wir ein Wilder Mann sein. Ein Mann, der in sich selbst ruht, der ungezähmt, unangepasst, kraftvoll sein kann und gleichzeitig behutsam, zärtlich und liebevoll. Ein Mann, der die Wolfsfrau in seiner Partnerin spürt, der mit ihr das Feuerpaar bildet. Ein Mann, der glücklich ist und eine Frau glücklich machen kann.

Ich fordere Dich, lieber Leser, dazu auf, nach dem Mehr in Deinem Leben zu suchen! Dem, was Bestand hat, was mehr ist, als bloß nach Geld zu streben, oberflächlichen Sex zu haben und ein bisschen Macht auszuüben. Die folgenden Kapitel mögen Dir dazu Anregung, Unterstützung und Begleitung sein.

## 3. Wer glücklich ist, kann glücklich machen

Stell Dir vor, Deine Frau ist unglücklich. Sie ist mit sich selbst nicht zufrieden, sie weiß nicht, was sie will, sie weiß höchstens, was sie nicht will. Sie hat keine Ziele, Träume und Wünsche, sie hat keine Visionen und ihr Leben ist öde. Sie macht ihr ganzes Glück nur von Dir abhängig, braucht immer alle Bestätigung von Dir, erwartet jede Initiative von Deiner Seite. Denkst Du, dass eine solche Frau Dich auf Dauer glücklich machen kann? Nein? Ich auch nicht.

Und umgekehrt gilt genau dasselbe! Wenn Du nicht glücklich bist, so wirst Du eine Frau nicht auf Dauer glücklich machen können. Sicher, kurze Zeit funktioniert das schon und kein Mensch kann immer glücklich sein, doch darum geht es gar nicht. Es geht darum, dass Du nur dann einen anderen Menschen über längere Zeit glücklich machen kannst, wenn Du auch selbst Deinen Weg gefunden hast. Wenn Du mit Dir im Reinen bist, Deine Sehnsüchte, Fantasien und Lebensziele kennst, wenn Du weißt, was Dich glücklich macht. Du wirst Deine Partnerin nur dann glücklich machen, wenn Du mit ihr zusammen bist, weil Du es willst – nicht weil Du es musst, weil Du glaubst, ohne sie nicht leben zu können. Wenn Du es auch aushältst, dass Du mal nicht glücklich bist und sie schon, wenn Du ihr dann ihr Glück gönnen kannst, weil Du Deines kennst und weißt, dass es wiederkommen wird.

Eine erwachsene Beziehung wird gelebt von zwei Individuen, die sich entschlossen haben, ein Stück des Weges – wie groß das auch immer sein mag – miteinander zu gehen. Da gibt es Deinen Bereich und den Bereich Deiner Partnerin. Und wo sich beide Bereiche überlappen, dort ist der Bereich des Wir. Jeder dieser drei Bereiche muss groß genug sein, keiner darf auf Kosten der anderen beiden dominieren. Wenn der Wir-Bereich zu groß ist, sodass für das Ich und das Du gar kein Platz mehr übrig bleibt, ist das keine Beziehung mehr, sondern schon eine Symbiose, eine dauerhafte Verschmelzung, die selten gut geht. Wenn der Ich- oder der Du-Bereich dominiert, handelt es sich um eine Abhängigkeitsbeziehung, die viel Potenzial brach liegen lässt. Denn dann lebt einer von beiden nur mehr für den anderen, statt sich ebenfalls in die Beziehung einzubringen.

Für eine tiefe Beziehungsfähigkeit ist es daher notwendig, bei sich selbst zu beginnen. Wenn Du glücklich bist und Dein Glück nicht auf Kosten Deiner Partnerin geht, ist das eine sehr gute Basis dafür, dass auch sie glücklich sein kann. Denn sie hat dann nicht mehr den permanenten Stress, immer für Dein Glücklich-Sein sorgen zu müssen. Sie kann selbst in ihrem Bereich agieren und für ihr Glück arbeiten. Und im Wir-Bereich trefft Ihr Euch und erfahrt die Fülle.

Um von dieser Basis eines gesunden, geglückten Ich-Bereichs heraus in den Wir-Bereich eintreten zu können, ist es also wichtig, sich selbst zu kennen. Alle Menschen machen sich pausenlos Gedanken, meistens darum, was sie gestern hätten anders machen sollen oder wie morgen wohl werden wird. Am meisten denken sie aber über andere nach: „Warum hat sie wohl das oder das gemacht, wie wird sie nur reagieren, was will sie?“ Doch die wenigsten Männer denken über sich selbst nach.

Was bist Du für ein Mann? Was macht Dich aus? Um glücklich sein zu können, ist es wichtig, zu wissen, was Dich glücklich macht. Ich veranstalte seit einiger Zeit Männerseminare zum Thema „Was Frauen glücklich macht“ und die erste Aufgabe, die ich dabei den Teilnehmern stelle, besteht darin, aufzuschreiben, was sie selbst glücklich macht. Das ist für die meisten gar keine leichte Aufgabe. Interessanterweise tun sich Frauen da leichter. Sie können relativ schnell Dinge nennen, die sie glücklich machen. Für viele Männer ist das jedoch eine Frage, über die sie zum allerersten Mal nachdenken.

Egal, ob Du Dir diese Frage schon einmal gestellt hast oder ob sie ganz neu für Dich ist – jetzt zu Beginn Deiner Reise zum Wilden Mann, zur Wolfsfrau und zum Feuerpaar ist es gut, innezuhalten und darauf zu schauen: Was macht Dich glücklich? Lies nicht vorschnell über diese Frage hinweg, sondern stelle Dich ihr – die Antwort wird Dir viel über Dich erzählen!

Am besten ziehst Du Dich irgendwohin zurück, wo Du für eine halbe Stunde ungestört bist, nimmst Dir Papier und einen Stift und schreibst das auf, was Dir in den Sinn kommt. Halte bei jeder Frage inne und denk über Deine Antwort nach. Nimm Dir für jede Frage Zeit, stelle sie Dir noch einmal und noch einmal, denn meistens kommen gleich zu Anfang nur jene Antworten, die ohnehin an der Oberfläche Deines Bewusstseins liegen. Die wirklich wertvollen, bereichernden und oft auch überraschenden Antworten findest Du nahezu immer ganz am Schluss.

Was macht Dich glücklich?
Was willst Du am Ende Deines Lebens von Dir und Deinem Leben sagen können?
Was sind Deine Wünsche?
Was sind Deine unerfüllten Träume?
Wo fühlst Du Dich wirklich wohl in Deinem Leben?
Was macht Dich glücklich?

Wahrscheinlich hilft es Dir, auf Dein bisheriges Leben zurückzublicken, Dir anzuschauen, was Du als gelungen empfindest und wo Du in Zukunft besser oder anders handeln willst. Denke auch darüber nach, was die glücklichsten Momente Deines Lebens waren und was dazu beigetragen hat, dass Du glücklich warst. Das wird Dir wertvolle Aufschlüsse für Deine Zukunft geben.

Es ist wichtig, Bilanz zu ziehen und zu Dir selbst zu finden, erst dann kannst Du Dich einem anderen Menschen wirklich öffnen. Um Du selbst zu werden, um ein Wilder Mann zu sein, musst Du raus aus der alten Haut! Du musst alte Verhaltensmuster ablegen, die immer noch da sind, obwohl sie längst ihre Berechtigung verloren haben. Du musst Dir der Dinge bewusst werden, die Du von anderen Menschen übernommen hast, obwohl sie gar nicht Deine sind. Du musst innehalten und ein Resümee ziehen, eine Zwischenbilanz Deines Lebens. Dann kannst Du das ablegen, was nicht mehr passt, und hast so Platz für Neues, Schöneres. Wir machen uns nun auf den Weg zum Wilden Mann und dieser Weg besteht aus den einzelnen Stufen einer solchen Zwischenbilanz. Am Ende steht ein neues Fundament für eine gelungene Beziehung.

# Der Wilde Mann

Eigenlich bin ich ganz anders.
Aber ich komme so selten dazu.

(Ödön von Horvath)

## 4. Lustvoll Mann-Sein

Viele Frauen – so meine Erfahrung und das Ergebnis meiner Interviews – wünschen sich einen Mann an ihrer Seite, der das Leben genießen kann. Einen Mann, der spontan und aufregend sein kann, aber auch langsam und zärtlich. Einen Mann, der weiß, was er will und wer er ist, der stark und kraftvoll ist – so stark, dass er es auch zulassen kann, wenn er einmal schwach und verletzlich ist. Sie wollen einen Mann, der die Vorzüge des Machos und jene des Softies in sich vereint. Sie möchten einen „ganzen", sprich: einen ganzheitlichen Mann als Partner, sie sehnen sich nach einem Wilden Mann.

Um zu erklären, was ich unter einem „Wilden Mann" verstehe, möchte ich hier kurz zusammenfassen, was ich in meinem früheren Buch „Aufbruch zum Mann" ausführlich geschildert habe: Ein Wilder Mann ist nicht wild im Sinne von wütend, zornig oder gar gefährlich. Wild meint hier ursprünglich, natürlich und sich seiner selbst bewusst. Wild steht hier im Gegensatz zu angepasst, eingeengt, gezähmt. Es ist wie der Unterschied zwischen einem Hund und einem Wolf. Der Hund ist ein Zivilisationsprodukt, er reagiert mehr, als er agiert. Der Wolf hingegen ist die ursprüngliche, wilde Form dieses Tieres. Er ist im Einklang mit sich und seiner Umgebung, er ist vernetzt mit der Umwelt, er agiert aus seiner Stärke heraus.

Genau so lebt auch der Wilde Mann. Er kennt sich und sein Inneres und er ist in Kontakt mit allem, was zu seinem Lebensraum gehört. Er spürt, was sich innen abspielt und was draußen vorgeht. Er lebt in vollen Zügen und aus ganzem Herzen, ist energiegeladen und leidenschaftlich, schöpft Kraft und Stärke aus seiner inneren Tiefe. Er ist behutsam und achtsam, sanft und liebevoll, hat Ehrfurcht und Achtung vor den Menschen und Dingen. Der Wilde Mann ist kreativ und spontan, besonnen und gelassen. Er kann laut lachen und leise Zärtlichkeiten flüstern, langsam genießen und schnell entscheiden.

Ein Wilder Mann kennt seinen Weg, weiß, wo er herkommt und wo er hin will. Er geht seinen Weg, bestimmt und unaufhaltsam, gleichzeitig aber sachte und umsichtig. Er steht zu sich und seinen Wünschen, Erkenntnissen und Bedürfnissen, ohne andere zu überfahren oder gar zu zertrampeln. Er ruht in seiner Mitte und hält vielem stand, weiß zu kämpfen und sich zu verteidigen, ist weise und neugierig, ist voller Lebendigkeit und Lebensfreude. Er lebt lustvoll sein Mann-Sein, und zwar ganz und ganzheitlich.

Wie wird man so ein Wilder Mann? Letztendlich, indem man zu sich selbst findet, ganz aus sich heraus lebt, in seiner Mitte ruht, sich selbst kennt und sich seiner selbst bewusst ist. Es gibt mehrere Zugänge, mit denen man das erreichen kann, verschiedene Wege, um die oben beschriebenen Eigenschaften in sich zum Leben zu erwecken, und alle sind es wert, gegangen zu werden. Ein sehr effektvoller, zu einem ganzheitlichen, wilden Mann-Sein führender Zugang ist jener über die Energien des Mannes, über die Archetypen König, Krieger, Magier und Liebhaber, die der Wilde Mann in sich vereint und aus denen er lebt.

Archetypen sind Urprägungen, Urbilder und Verhaltensmuster, die sich in der Menschheit über die Jahrtausende hinweg im Laufe der Evolution gebildet haben. Sie sind energiegeladene Bilder aus unserem Unterbewusstsein. Wir können über sie auf Erfahrungen zugreifen, die durch Generationen hindurch gesammelt wurden. Entdeckt vom großen Schweizer Psychologen C. G. Jung, haben sie sich relativ schnell durchgesetzt als Möglichkeit, sich selbst und andere besser erkennen und verstehen zu lernen. Jeder der vier großen männlichen Archetypen

König, Krieger, Magier und Liebhaber stellt einen wichtigen Bereich unserer Psyche dar, gemeinsam machen sie uns zu einem ganzen, ganzheitlichen Wilden Mann.

Der König hat die Reise hinter sich, er bestätigt allein durch sein Dasein, dass alles gut ist, dass es zu schaffen ist. Er ist der Teil unserer Seele, der die Grenzen dessen bestimmt, was wir aushalten können, wo wir noch zu Hause sind, wo wir ruhig und gelassen sein können. Der König hält alles zusammen, schafft eine natürliche Ordnung und gibt Ruhe und Frieden. Er gerät selbst in der größten Unruhe nicht in Panik, weil er tief in seiner Mitte ruht. Er ist sich seiner selbst sicher und kann so auch anderen Sicherheit geben.

Königsenergie ist Großvaterenergie und kommt aus der Gelassenheit und der Stärke vieler Jahre Lebenserfahrung und der Bewältigung schwieriger Situationen. Der König hat einen festen Stand, er ist nicht wankelmütig, sondern beständig, er ist ausgeglichen und mit sich im Reinen. Er braucht sich nicht mehr zu beweisen, sondern kann andere fördern, loben und segnen, ohne ihnen ihren Erfolg zu neiden.

Je mehr Zugang Du zur Energie des Königs hast, umso mehr kannst Du umfassen, zusammenhalten, aushalten. Umso größer ist Dein Reich, ist der Bereich im Leben, in dem Du Dich sicher fühlst, zu Hause fühlst, wohl fühlst. Anfangs brauchst Du immer wieder von außen einen solchen König, der Dir Sicherheit gibt, hinter Dir steht und Dich wachsen und reifen lässt. Mit der Zeit jedoch wird Deine eigene Königsenergie größer und stärker, sodass Du Deiner selbst sicher bist und diese Sicherheit und den Zuspruch nicht mehr von außen benötigst, sondern in Dir spürst. Dann bist Du in der Lage, diese Energie auch an andere weiterzugeben, ihnen König zu sein, sie zu loben und ihnen den Rücken zu stärken. Dies brauchen vor allem Kinder von Dir, aber auch Deine Partnerin wird immer wieder Deine Königsenergie fordern, so wie Du auch ihre.

Der Krieger ist der Teil von uns, der kämpfen kann, der beharrlich ist, der nicht aufgibt, der sich selbst den größten Widerständen stellt. Er weiß, dass manchmal nur Umwege zum Ziel führen, er weiß, dass es manchmal notwendig ist, Opfer zu bringen, um eine Schlacht zu gewinnen. Bei allen Schwierigkeiten und Ausweichmanövern verliert er nie das Ziel aus den Augen, ja er fokussiert es geradezu, er engt sein Blickfeld ein und konzentriert sich ganz auf das Ziel. Durch diese Konzentration bündelt er seine Kräfte und überwindet Hindernisse, die normalerweise nicht zu bewältigen sind.

Der Krieger ist auch der Teil von uns, der die Grenzen bewacht und verteidigt, die der König vorgibt. Ohne Kriegerenergie stehen wir allen Überfällen und Grenzverletzungen hilflos gegenüber, können wir uns nicht abgrenzen, nicht zur Wehr setzen. Wir können für das, was unser König als gut und richtig erkannt hat, nicht einstehen, geschweige denn es durchsetzen. Wir müssen alles erdulden, alles ertragen, weil wir uns nicht verteidigen können.

Der Krieger gibt uns die Kraft und den Mut, Entscheidungen zu fällen und dabei Fehler auszuhalten. Ohne Kriegerenergie bleiben wir an einer Wegkreuzung ewig stehen, weil ja der eine Weg der richtige sein könnte oder vielleicht auch der andere. Er lässt uns unseren Weg fortsetzen, auch wenn er schwer sein mag; er achtet dabei auf alle Zeichen und Hinweise, um möglichst schnell eine Fehlentscheidung zu erkennen und korrigieren zu können. Der Krieger agiert, statt zu reagieren, er wird vorausschauend aktiv, legt sich für jeden Kampf – sei das nun ein Projekt, eine Besprechung oder ein Streitgespräch – eine Taktik zurecht, studiert seine Aufgabe, seinen Gegner und seine Waffen genau und weiß, welche Möglichkeiten ihm während des Kampfes zur Verfügung stehen.

Letztlich gibt er uns unsere Zielstrebigkeit, unsere Ausdauer und unseren Erfolgswillen.

Der Magier ist der Archetyp des Lernens, des Lehrens und des Forschens. Er steht für den Wissensdrang und auch den Wunsch, das Wissen weiterzugeben. Vor allem aber ist er der Archetyp der Weisheit, der Vertiefung, der Weitsicht und der Intuition. Er schenkt uns Weite und Offenherzigkeit, er weiß, dass wir Menschen nicht *die* Wahrheit erkennen können, sondern immer nur einen Ausschnitt davon. Er lehrt uns, dass es daher viele verschiedene Wahrheiten gibt, je nachdem aus welchem Blickwinkel wir etwas betrachten. Er lässt uns so genannte Paradoxa aushalten, Dinge, die sich eigentlich widersprechen und dennoch gleichzeitig da sind. Er ermöglicht den Zugang zu dem, was wir glauben und spüren müssen, weil wir es nicht beweisen können, er lässt uns offen sein für logisch nicht Erklärbares. Er eröffnet einen Kanal zu heilenden Energien, die in uns verborgen sind, zu der Weisheit unseres Unbewussten und zur Kraft unserer Seele.

Der Magier zeigt uns aber auch, was wir unterdrücken, verleugnen, was wir nicht wahrhaben wollen. Er hält uns einen Spiegel vor, in dem wir unsere Schattenseiten sehen können – sei das nun durch Träume, Missgeschicke oder so genannte „Freudsche Versprecher". Er hilft dabei, diese Schattenseiten auch auszuhalten und sie mit der Zeit zu verwandeln, den guten Kern unter der rauen Schale zu finden. Er zeigt uns durch Zeichen und Symbole den Weg zu dieser Verwandlung. Auch bei Vorhaben und anfallenden Entscheidungen hält er uns offen für Alternativen, steht uns mit Rat und Erfahrung bei, unterstützt uns durch Abwägen von allem Für und Wider. In diesem Sinne ist unser innerer Magier oft der Wegbegleiter anderer Menschen, ist für sie Reibebaum, Supervisor, Mentor oder Coach. Und wieder andere Menschen sind für uns Magier, begleiten und beraten uns auf unserem Weg.

Der Liebhaber, der vierte Teil unserer Seele, ist der Archetyp der Liebe, der Lebendigkeit und der Leidenschaft. Er gibt uns unsere Sehnsucht und unsere Sinnlichkeit, er schenkt uns Empfindsamkeit und Zartheit, er gibt uns unseren Blick für alles Schöne. Der Liebhaber kann wirklich genießen, etwas voll und ganz auskosten, es mit allen Sinnen erleben. Er sieht, hört, riecht, schmeckt und ertastet das Leben. Und er ist genügsam – da er alles in voller Intensität erlebt, muss er sich nicht pausenlos in etwas Neues stürzen, sondern kann das Vorhandene ganz spüren. Auf der anderen Seite geht er sehr verschwenderisch mit der Zeit um, er liebt es, sie für Dinge zu verwenden, die keinen direkten Sinn haben. Musik und Tanz, Blumen und Tiere, Sinnlichkeit und Zärtlichkeit, all das ist sein Metier. Er zelebriert gerne Schönes, schafft eine Atmosphäre des Wohlbefindens und Wohlfühlens. Ein schön gedeckter Tisch, kleine Köstlichkeiten wunderbar angerichtet, ein herrlicher Wein, gedämpftes Kerzenlicht und leise Musik – so beginnt er einen Abend mit seiner Partnerin. Auch sonst ist er achtsam und liebevoll, er wählt seine Worte mit Bedacht, richtet seinen Blick auf das Schöne, auf den Überfluss, betont das, was da ist, und nicht das, was fehlt.

Der Liebhaber riskiert es zu träumen, sich zu verlieren, er kann loslassen, die Kontrolle abgeben, kann sich hingeben und in der Ekstase aufgehen. Er hat Platz für Gefühle, auch für die weichen, zarten, vor denen viele Männer zurückscheuen. Er will berühren und berührt werden, am Körper, am Geist und an der Seele. Er lebt aus dem Herzen und aus dem Bauch statt aus dem Kopf, er tut Dinge wider die Vernunft, er hält uns jung und lebendig. Er lässt uns strahlen, gibt uns unsere Leidenschaft, unsere Spontaneität und Begeisterung. Ohne den Liebhaber dient alles nur der Pflicht, erst seine Energie gibt uns wahre Lebensfreude.

Natürlich hat jeder der vier Archetypen auch eine negative Seite, die dann zum Vorschein kommt, wenn wir die jeweilige Archetypenenergie verweigern, sie nicht ausleben oder aber sie übertreiben, sie zu stark und unangemessen anwenden. So ist zum Beispiel ein Mann ohne Kriegerenergie, der sich nicht verteidigen kann, alles ertragen und erdulden muss, genauso auf der negativen Seite des Kriegers wie ein Mann, der nur mehr kämpft, der auf alles schießt, was sich bewegt, und jeden sofort angreift. Und mit den anderen drei Archetypen verhält es sich ähnlich. Es kommt darauf an, alle vier angemessen und richtig auszuleben, im richtigen Moment Zugang zu der jeweiligen Energie zu haben, als Krieger zu kämpfen, wenn es notwendig ist, und als König gelassen zu sein, wenn keine wirkliche Gefahr droht.

Der Wilde Mann vereint alle vier Archetypen in sich, er hat Zugang zur positiven Form aller vier und hält sie in einem ausgewogenen Gleichgewicht. Er ist König, kennt sein inneres und äußeres Reich und sorgt gut dafür. Er ist Krieger, kann seine Grenzen verteidigen und für seine Ziele kämpfen. Er ist Magier, schöpft aus seinen Erfahrungen und aus der Weisheit anderer. Und er ist Liebhaber, genießt alles und lebt aus der Fülle.

Die Beschäftigung mit den vier Archetypen und die Integration ihrer Energien in Dein Leben lässt auch den Wilden Mann in Dir stärker und stärker werden. Je mehr Du aus ihnen schöpfen kannst, je positiver Du sie ausleben kannst, umso lustvoller wird Dein Mann-Sein werden. Für einen detaillierteren Zugang zu Deinem inneren König, Krieger, Magier und Liebhaber verweise ich auf mein früheres Buch, wo die Archetypen und der Umgang mit ihnen ausführlich beschrieben sind.

In diesem Buch möchte ich Dir nun weitere Zugänge zum Wilden Mann öffnen, jene, die für die Beziehung zur Wolfsfrau, dem weiblichen Gegenstück des Wilden Mannes, besonders wichtig sind.

## 5. Das Kind im Manne

Um den Wilden Mann in Dir richtig zu spüren und ihm Platz in Deinem Leben zu geben, ist es sehr hilfreich, in der Zeit zurückzugehen. Zurück zu jener Zeit, in der Du – wie die Wissenschaft mit zahlreichen Studien eindrucksvoll belegt hat – am meisten für Dein restliches Leben geprägt wurdest: zurück zu Deiner Kindheit.

Wir alle kommen als Wilder Mann auf die Welt. Als kleiner Bub sind wir genau das, was den Wilden Mann ausmacht: Wir sind ungezähmt und leidenschaftlich, wir lachen, wenn uns etwas Freude macht, wir weinen, wenn uns etwas schmerzt. Wir tun, wozu wir Lust haben, und sind dann mit ganzem Herzen dabei, lassen uns nicht von irgendwelchen Sorgen ablenken. Wir sind spontan und kreativ, voller Elan und Lebensfreude, voller Bewegungsdrang und Neugierde. Wir ruhen in unserer Mitte, spüren uns selbst, kennen uns selbst, wissen, was wir wollen und was uns Spaß macht. Wir tragen unser Herz in unseren Augen, auf unseren Lippen und in unserem Gesicht, wir verstellen uns nicht – wir sind, wer wir sind, ungezähmt und frei.

Mit dem Heranwachsen werden wir zunehmend zivilisiert und dabei leider auch immer mehr gezähmt, immer mehr eingesperrt. Es wird uns beigebracht, wie wir uns verhalten müssen, um nicht anzuecken. Wir lernen, uns zurückzunehmen und nicht nur an uns zu denken, wir üben, uns an Situationen anzupassen und richtig zu handeln. Zunehmend reagieren wir, statt zu agieren. Scheinbar werden wir unabhängiger und selbstständiger, doch in Wirklichkeit wird die Abhängigkeit stärker, weil subtiler. Wir verinnerlichen Sätze wie „ein großer Bub weint doch nicht", „das kannst du mir nicht antun", „sei ein braver Bub und tu das", „in unserer Familie gibt es so etwas nicht". Daraus werden Glaubenssätze, jene Sätze, die unser Leben bestimmen, weil wir bewusst oder unbewusst an ihre absolute Richtigkeit glauben. Solche Glaubenssätze klingen dann so ähnlich wie „du musst immer stark sein, damit du es zu etwas bringst im Leben" oder „du wirst nur geliebt, wenn du deine Pflicht erfüllst". Es sind meistens ziemlich einseitige Formulierungen – genau das ist nämlich das Problem mit ihnen: Sie engen uns ein, sie nehmen uns die Freiheit, sie unterdrücken Teile von uns, die auch gelebt werden wollen, sie hindern uns, ein Wilder Mann zu sein.

Mehr und mehr passen wir uns dem an, was unsere Umwelt von uns fordert, verlieren unsere Ecken und Kanten, werden den Rollen, die wir einnehmen müssen, immer ähnlicher, verlieren unsere Einzigartigkeit und werden in vielen Bereichen einfach austauschbar. Immer weiter wird uns der Schneid abgekauft. Wir werden umso vorsichtiger, je mehr wir erreicht haben; mit unserem Übermut verlieren wir oft auch gleich unseren ganzen Mut. Wir vergessen unsere Träume und Visionen, unsere Wünsche werden logischer und erfüllbarer, wir hören immer seltener auf unser Herz und verkaufen oft genug unsere Seele – wir werden erwachsen.

Natürlich ist all das wichtig und hilft uns auch, unser Leben zu meistern. Wir brauchen manches davon, um mit Situationen umgehen zu können und das Beste daraus zu machen. Ein Wilder Mann zu sein, bedeutet auch nicht, keinerlei Erziehung zu haben, ungehobelt und unzivilisiert zu sein. Doch der richtige Umgang mit all dem ist entscheidend und zwischen zivilisiert und gezähmt besteht ein riesengroßer Unterschied.

Ein Wilder Mann verhält sich angemessen und richtig, misst dabei jedoch vor allem mit seinem eigenen Maß, das er im Laufe seines Lebens gefunden hat. Er agiert aus seiner Mitte heraus, er bleibt authentisch, tut das, was mit seiner Seele und seinem Herzen im Einklang ist, auch dann wenn es Dinge sind, die ihm nicht leicht fallen, deren Notwendigkeit er aber spürt. Seine Glaubenssätze sind stärkend und erweiternd statt einengend, er hat Ecken und Kanten und ist so be-greifbar und spürbar, ohne dabei überall anzustoßen. Er lebt in der Welt und mit der Welt, ohne sich besonders von dem leiten zu lassen, was die anderen über ihn sagen.

Der Wilde Mann hat Zugang zu seinem inneren Kind, er hat den Kontakt zu dem kleinen Buben, der er war, nicht verloren. Er spürt noch immer die Gefühle von damals, er spürt die frühere Sehnsucht, er kennt seine kindlichen Träume, Wünsche und Visionen. Er hat auch sie erwachsen werden lassen, ohne ihren kindlichen Charakter zu zerstören. Sie sind nicht durch logische Überlegungen und gesellschaftliche Einschränkungen zerfressen, sondern immer noch weit und groß, luftig und leicht.

Denk einmal nach, denk an die Männer in Deinem Umfeld. Wen davon würdest Du als Wilden Mann bezeichnen? Und nun überlege Dir, warum Du ihm diesen Status zuerkennst. Ich vermute, er hat noch das Feuer in den Augen, er hat Träume, die er verwirklichen will, er lebt unbekümmert, kraftvoll und selbstbewusst. Er ist sich selbst treu geblieben, er kann noch herzlich lachen, er hat Zugang zu seinem Herzen, er hat Verbindung mit dem Kind, das er einmal war.

Und die vielen, vielen anderen Männer in Deiner Umgebung? Deren Feuer erloschen ist, deren Augen traurig und leer sind, deren Elan und Lebensfreude gering sind? Sie haben bei den vielen Verrenkungen, die sie machen mussten, um akzeptiert zu sein, ihr Rückgrat beschädigt, sie haben durch die vielen Rollen, die sie spielen, und die unzähligen Masken, die sie aufsetzen mussten, die Erinnerung daran verloren, wer sie wirklich sind. „Traurig blickt der, der ich bin, auf den, der ich sein könnte.“ Dieses Zitat des katholischen Theologen Karl Rahner scheint auf viele Männer in der heutigen Zeit zuzutreffen. Doch es ist nie zu spät, wieder neu zu beginnen! Das Kind in Dir, der Bub, der Du einmal warst, ist nicht tot, sondern höchstens in Vergessenheit geraten. Du kannst den Kontakt wieder herstellen, Du kannst Dich selbst wieder finden und es ist gar nicht so schwer!

Wandere zunächst einmal in Deiner Erinnerung zurück, denke an Deinen Werdegang als Mensch. Beginne bei der Geburt (Du wirst Dich wohl kaum daran erinnern können, aber vielleicht tauchen Bilder und Vorstellungen auf), geh dann langsam Jahr für Jahr weiter. Wo schöne Erinnerungen auftauchen, dort verweile, lass ihnen Zeit, vollständig aus Deinem Gedächtnis hervorzukommen. Geh ganz in das Ereignis hinein, erlebe es noch einmal, spüre ihm nach, fühle noch einmal, was Du damals gefühlt hast, höre Dein kindliches Lachen, spür Deinen unbändigen Elan. Wenn schmerzhafte Erinnerungen erscheinen, so unterdrücke sie nicht, denn auch sie gehören zu Dir, haben ihren Anteil an Deinem Leben und Dich etwas gelehrt. Lass Dich jedoch nur so weit auf sie ein, wie es Dir gut tut, und ansonsten nimm sie liebevoll in die Arme und tröste sie. Wenn Du spürst, dass eine Erinnerung so schmerzhaft ist, dass sie Dich am Leben hindert, so sage zu ihr, dass Du Dich später mit ihr beschäftigen wirst, und lass sie für den Moment los. Such Dir dann zur Aufarbeitung professionelle Hilfe, denn für manche Lasten braucht man einfach einen Experten.

Geh so Jahr für Jahr weiter durch Deine Kindheit und Deine Jugend und baue aus den vielen Puzzlesteinen, die Dir begegnen, das Bild des Wilden Buben, der Du einmal warst. Um das Bild noch klarer werden zu lassen, nimm Dir Fotos, die Dich als Kind zeigen, schau sie Dir an und versetze Dich in die damalige Lage. Betrachte Dinge Deiner Kindheit, Dinge, die Dir damals wichtig waren, und stelle über sie die Verbindung zur damaligen Zeit her. Suche Gespräche mit Menschen, die Dich als Kind gekannt haben, frage sie, wie Du auf sie gewirkt hast als Säugling, als Kleinkind, als Kind und als Jugendlicher. Höre ihnen gut zu und versuche den Buben, der Du warst, mit ihren Augen zu sehen. Du musst dabei nicht gleich ihre Meinung übernehmen, es geht nur darum, eine Zeitlang ihren Blickwinkel einzunehmen.

Wenn Du auf diese Art ein genügend vollständiges Bild Deiner Kindheit wieder gut in Deinem Gedächtnis hast, könntest Du nun mit dem Buben, der Du warst, Kontakt aufnehmen. Dieser ist nicht verschollen, sondern er lebt in Dir, ist Teil Deiner bewussten oder unbewussten Persönlichkeit. Und so kannst Du auch mit ihm in Verbindung treten, kannst mit ihm reden. Wenn Du Lust darauf hast, tiefer zu gehen, so kannst Du Dein inneres Kind auf einer so genannten Fantasiereise besuchen.

Eine Fantasiereise ist eine einfache Form der Meditation, die auch ohne Erfahrung in der Meditation meist recht gut gelingt. Du brauchst dazu nur einen ruhigen Platz, wo Du Dich wohl fühlst und ungestört bist, und genügend Zeit, üblicherweise 15 bis maximal 30 Minuten. Bevor Du aufbrichst, setze Dich aufrecht hin, und zwar so, dass Du längere Zeit in derselben Position bleiben kannst, ohne Dich zu bewegen. Wenn Du es lieber möchtest, so kannst Du Dich auch hinlegen, allerdings ist die Gefahr des Einschlafens groß. Wichtig ist, dass Du gut geerdet bist, also einen guten Kontakt mit der Erde hast und dass Deine Füße gut und gerade aufliegen.

Deine Hände lege entweder mit der Handfläche nach oben in leicht schalenförmiger Haltung oder aber umgekehrt mit der Handfläche nach unten auf Deine Oberschenkel – je nachdem, ob Du offen bist, um etwas zu empfangen, oder ob Du bei Dir bleiben möchtest. Schließe die Augen und lenke Deine Aufmerksamkeit auf Deinen Atem. Beobachte, wie er fließt, wie Du ein- und ausatmest, wie alles ganz von selbst geht, ohne dass Du etwas dazu tun musst. Alles, was Dich ablenken will, lass vorbeiziehen, so wie Wolken am Himmel. Und wenn Dir etwas Wichtiges einfällt, dann sag zu ihm, dass Du Dich später damit beschäftigen wirst, dass es aber jetzt keinen Platz hat. Dann beginne mit jedem Einatmen ein Stück weiter nach innen in Deine innere Welt zu gehen. Versenke Dich tiefer und tiefer und beginne Deinen Besuch bei Deinem inneren Kind.

Stell Dir vor, Du sitzt an einem wunderbaren Platz, wo Du Dich so richtig wohl fühlst. Du schaust Dich um und siehst, dass Dein inneres Kind, dass der Bub, der Du einmal warst, auf Dich zu kommt. Beobachte Dein inneres Kind, wie es näher kommt. Wie sieht es aus, was strahlt es aus, welche Gefühle scheint es zu haben? Kommt es voller Freude auf Dich zugelaufen oder geht es langsam und schwermütig? Ist es guter Dinge oder scheint es bedrückt?

Wenn Dein inneres Kind Dich schließlich erreicht hat, dann begrüße es liebevoll und bedank Dich bei ihm, dass es Deiner Einladung gefolgt ist. Beginne mit ihm zu sprechen, frag es, ob es Dir etwas sagen will, sag ihm, was Du aussprechen möchtest. Sprich mit ihm über Deine Kindheit, über Deine Jugend, was ihm daran gefallen hat und was es gerne anders gehabt hätte. Vor allem aber sprich mit ihm über die Jetzt-Zeit! Frag es, ob es sich wohl fühlt, ob es genug Platz in Deinem Leben hat. Frage, was es gerne geändert hätte, wo es sich eingeengt fühlt, wo es mehr Anteil an Deinem Leben haben möchte. Frag es, wie Du wieder zu mehr Lebensfreude, Spontaneität und Kreativität kommen kannst. Sprich mit ihm über das, was Dich freut und was Dich bedrückt. Achte auf seine Antworten – kindliche Weisheit ist oft ursprünglicher als alle erwachsenen Erfahrungen. Frag es, was es Dir noch erzählen oder mitteilen möchte, und hör weiter gut zu. Am Schluss Eures Gespräches verabschiede Dich liebevoll von Deinem inneren Kind – wenn es Dir möglich ist, umarme es. Sag „auf Wiedersehen" in dem Bewusstsein, dass Du Dein inneres Kind jederzeit wieder besuchen kannst und willkommen sein wirst.

Richte Deine Aufmerksamkeit wieder auf Deinen Atem, beobachte, wie er immer noch selbstverständlich fließt. Mit jedem Ausatmen verlässt Du Deine Innenwelt und kehrst zunehmend in die Außenwelt zurück. Beginne schließlich Dich zu strecken und zu bewegen, tief durchzuatmen, öffne die Augen und beende die Meditation. Es lohnt sich, das Wichtigste aufzuschreiben; dafür genügen fünf Minuten und die Wirkung ist sehr positiv. Lass später weitere Fantasiereisen zu Deinem inneren Kind folgen, um das Kind im Manne lebendiger werden zu lassen, es stärker zu spüren und seine Energie ausleben zu können.

Denk nun darüber nach, welche Ereignisse in Deiner Kindheit Dich geprägt haben. Was hat Dich tief beeindruckt – positiv oder negativ –, was hat mitgewirkt, Dich zu dem werden zu lassen, der Du bist? Welche Erlebnisse waren wirklich wichtig? Was hast Du aus ihnen gelernt, wie haben sie zu dem Mann beigetragen, der jetzt dieses Buch liest?

Hinterfrage als Nächstes Deine Glaubenssätze. Was glaubst Du über das Leben, über Dich, über die Menschen usw.? Wie meinst Du, sein zu müssen, Dich verhalten zu müssen, denken zu müssen? Als erster Denkanstoß ist es hilfreich, die folgenden Sätze zu vervollständigen:

Das Leben ist ...

Um geliebt zu werden, muss ich ...

Ich bin ein gutes Mitglied der Gesellschaft, wenn ich ...

Um glücklich sein zu können, brauche ich ...

Schreibe diese und andere Sätze auf, die Dir spontan in den Sinn kommen und Dein Leben beschreiben. Wenn Dir keine weiteren Sätze mehr einfallen, betrachte, was Du aufgeschrieben hast. Engen die Sätze Dich ein oder machen sie Dein Herz weit? Woher kommen diese Glaubenssätze? Besitzen sie heute überhaupt noch Gültigkeit oder schleppst Du sie nur noch mit? Solche, die Dich einengen, formuliere offener, befreiender. Und solche, die Du als gar nicht mehr gültig erkannt hast, lass los. Bedanke Dich bei ihnen für all das Gute, was sie Dir getan haben – irgendwann hatten sie ja ihre Gültigkeit und Berechtigung –, und lass sie los, indem Du bewusst an ihre Stelle einen anderen, heute gültigen Glaubenssatz setzt. Achte dabei darauf, dass auch die neuen Sätze Dein Herz weit machen und nicht einengen, dass sie Dich unterstützen auf dem Weg zum Wilden Mann.

Schenke dem Kind in Dir realen Anteil an Deinem Leben! Wann bist Du das letzte Mal barfuss über eine Wiese gegangen, nackt geschwommen, um die Wette gelaufen, hast Dich gebalgt oder sonst irgendetwas Lustvolles getan? Mach Dinge, die Dir Spaß machen, geh zurück zur Einfachheit von damals, tu etwas, was Du schon lange nicht mehr getan hast, oder etwas, was Du als Kind immer schon tun wolltest, Dich aber nicht getraut hast. Lebe!

Suche noch einmal Dein inneres Kind auf und sprich mit ihm über seine damaligen Träume, Wünsche, Visionen. Welche sind heute noch gültig und wie kannst Du sie ein Stück weit verwirklichen? Erzähl Deinem inneren Kind auch Deine jetzigen Träume und achte dabei darauf, ob sie seine Augen zum Glänzen bringen, denn nur solche Träume sind es wert, gelebt zu werden, nur sie geben Dir die Kraft des Wilden Mannes.

## 6. Wenn ich groß bin, heirate ich Mama

Jeder Mann hat eine Mutter. Mit ihr ist er unzweifelhaft verwandt. Sie ist der erste Mensch, zu dem er eine Beziehung hat, denn diese beginnt schon im Mutterleib. Babys erkennen, so hat die Wissenschaft festgestellt, die eigene Mutter auch am Herzschlag. Gleich nach der Geburt wird diese enge Beziehung beim Stillen fortgesetzt.

Die Mutter ist aber auch der Mensch, den man schon ganz am Anfang (schmerzhaft) verlassen muss, nämlich bei der Geburt. Alle Erfahrungen unserer frühen und frühesten Kindheit prägen uns für unser ganzes Leben. Danach brauchen wir unser ganzes Erwachsenenleben, um die Erfahrungen der Kindheit loszulassen. Die Mutter als die erste Frau in unserem Leben prägt uns Männer natürlich ganz besonders. Und sowohl für unser Thema „Was Frauen glücklich macht" als auch für unseren Weg zum Wilden Mann hat die Beziehung zu unserer Mutter eine besondere Bedeutung.

Welche Stadien durchläuft unsere Mutterbeziehung? Zuerst (nach der Geburt) befinde ich mich in der Symbiose, die Mutter und ich sind eins. Mit der Zeit merke ich dann, dass ich eine eigene Person bin und Mami auch, und es erfolgt eine langsame Abgrenzung. Irgendwann entdecke ich als kleines Kind dann: Ich bin ein Bub, ich bin anders als meine Mutter, ich bin nicht bloß eine eigene Person, sondern ich bin so wie mein Vater. Relativ bald darauf folgt dann der Wunsch: Ich heirate Mami! Wenn ich später einsehe, dass das nicht gut möglich ist, weil da mein Vater im Weg ist, beschließe ich: Na gut, dann halt eine Frau, die so ist wie sie! Danach kommt die Pubertät und mit ihr (hoffentlich) eine echte Loslösung von meiner Mutter.

Wie hast Du diese Stadien erlebt? Hast Du bei Deiner Mutter Rückhalt und Geborgenheit gefunden? War sie für Dich da, wenn Du sie gebraucht hast, hat sie Dich getröstet? Hat sie Dich auch in Schutz genommen, verteidigt? Bist Du von ihr beachtet worden? Musstest Du Dir ihre Liebe erkämpfen oder hat sie sie Dir geschenkt? Warst Du für sie die Rechtfertigung ihres Daseins oder hat sie ein eigenes Leben geführt und Dich Deines in (dem Alter angemessener) Freiheit erkunden lassen?

In meinen Männerseminaren ist das Thema „Mutterbeziehung" immer besonders brisant. Viele Männer haben dabei einen oder gleich mehrere wunde Punkte, haben Enttäuschungen erlebt, die sie die guten Zeiten oft gar nicht mehr sehen lassen. Häufig geht es dabei um ganz grundlegende Dinge wie Annahme, Liebe und Geborgenheit. Selten ist jedoch gar nichts davon vorhanden gewesen, meist war es für das Kind nur nicht genug spürbar. Wenn man später die eigene Kindheit aus einem anderen Blickwinkel betrachtet, so gelingt manchmal eine wichtige späte Versöhnung.

Hat Deine Mutter während Deiner Jugend für die Familie gelebt und dafür von Dir verlangt, für sie zu leben, das zu erreichen, was sie selbst nicht erreicht hat? Oder hat sie Dich auf Deinem Weg unterstützt? War sie Übermutter und Glucke oder Vertrauensperson und Ansprechstelle? Oder überhaupt nicht vorhanden? War sie mit Deiner Freundeswahl einverstanden oder nicht? Wie hat sie auf Deine erste (und die folgenden) Freundin(nen) reagiert? Hat sie Dich auch hier liebevoll unterstützt oder war sie eifersüchtig? Wie war der Abnabelungsprozess? Hat sie ihn gefördert, gefordert oder verhindert?

Es geht bei all diesen Fragen nicht darum, Deine Mutter schlecht zu machen und möglichst viele Fehler zu entdecken, die Du ihr dann vorhalten kannst! Vielmehr geht es darum, festzustellen, wie *Deine* Beziehung zu ihr war, wie sie auf Dich gewirkt hat! Deine Mutter wird sicher eine ganz andere, genauso gültige Sicht auf die Ereignisse haben. Deine Mutter ist ein Kind ihrer Zeit und ihrer Kindheit und Lebensumstände und hat aus dieser Situation sicherlich das für sie Bestmögliche für Dich getan und es gut mit Dir gemeint. Auf der anderen Seite ist es für Deinen Weg zum Wilden Mann und für Deine Beziehungsfähigkeit sehr wichtig anzuschauen, wie ihr gut gemeintes Verhalten bei Dir angekommen ist. All diese Fragen können Dich zu lang verschütteten Erfahrungen, Gefühlen und Ereignissen führen, die Deine heutige Mutterbeziehung, Deine Beziehungen zu Frauen überhaupt, ja, Dein gesamtes Leben beeinflussen. Meistens verläuft das unbewusst. Mit 30, 40 oder darüber ist es wirklich hoch an der Zeit, sich diese Zusammenhänge bewusst zu machen, sie infrage zu stellen und zu prüfen, was davon heute für Dich wirklich noch gültig ist und was nicht! Dafür ist es gut, nicht nur in der Vergangenheit zu bleiben, sondern auch das Ergebnis, den heutigen Sohn, der Du bist, anzuschauen:

Hat Dich Deine Mutter zu einem lebenstüchtigen, selbstständigen Menschen erzogen oder zu einem von ihr (in manchen Dingen) abhängigen „Söhnchen“? Hat sie Dich Entscheidungsfähigkeit gelehrt? Hat sie Dir Mut zum Leben gegeben oder Dich verweichlicht? Kannst Du „deinen Mann stehen“, in jeder Hinsicht? Bist Du allein lebensfähig oder brauchst Du eine Mutter bzw. eine Frau als Muttterersatz – zuständig für Nähe, Zärtlichkeit und Gefühle-Ansprechen? Oder schlimmer noch, brauchst Du eine Frau als Pseudo-Mutter, für Kochen, Waschen, Putzen, Bügeln, also eigentlich als Bedienerin, denn das war auch die Rolle Deiner Mutter?

Viele Männer sind am Eingehen einer wirklich partnerschaftlichen, gleichberechtigten Beziehung gehindert. Sie haben gar keinen Platz für eine starke, selbstständige

Frau in ihrem Leben, weil ihnen ihre Bedürfnisse im Weg stehen, für deren Befriedigung früher die Mutter zuständig war. Sie haben nie gelernt, für die Erfüllung dieser Bedürfnisse selbst die Verantwortung zu übernehmen. Es ist wichtig, sich von der Einstellung zu lösen, die Partnerin müsse hier „einspringen". Viele dieser Bedürfnisse kannst Du als erwachsener Mann selbst befriedigen, andere haben bei näherem Hinschauen oft gar keine Bedeutung mehr, wieder andere sind in Wirklichkeit nicht personengebunden, sodass Du sie auch anderweitig stillen lassen kannst, ohne sie Deiner Partnerin aufzuhalsen. So wirst Du immer freier, wilder und stärker und hast gleichzeitig auch immer mehr Platz für eine Wolfsfrau an Deiner Seite.

Geh noch einmal einen Schritt zurück: Wie hat sich Deine Trennung von der Mutter vollzogen, Dein Eintritt in die Männerwelt – abrupt, schleichend, gar nicht? Wie war Dein Verhältnis zu ihr in dieser schwierigen Zeit des Loslösens und Flügge-Werdens als junger Erwachsener? Während der Bub den Vater in dieser Zeit meist übertrumpfen muss, möchte er (oft unbewusst) den Stolz der Mutter erringen und zumindest ein bisschen ihr Held sein. In beiden Fällen geht es in Wirklichkeit um den Versuch, die Anerkennung des Mannseins zu bekommen. Hast Du diese Anerkennung von ihr bekommen? Was tust Du heute noch, um ein Zuwenig an Anerkennung auszugleichen? Oft basiert das Ringen um Erfolg und Aufstieg im Beruf auf der nicht erfolgten Anerkennung durch Mutter und Vater. Wie ist das bei Dir?

Wie sieht heute Dein Verhältnis zu Deiner Mutter aus? Hast Du überhaupt eines? Sieht sie Dich als Mann oder als groß gewordenen Sohn? Siehst Du sie als Frau mit viel Erfahrung oder als Mutter, der Du zu folgen hast oder der Du justament nicht folgst? Zählt ihre Meinung automatisch mehr oder weniger als die anderer, bloß weil sie

Deine Mutter ist? Hast Du eine freie, reife, erwachsene Beziehung zu ihr? Hast Du Dich abgenabelt, die unsichtbare Nabelschnur ein zweites Mal durchtrennt, die Trennung noch einmal vollzogen? Bei der Geburt konnten weder Deine Mutter noch Du Dich wehren – wie war es auf der Scheide zum Mann-Werden?

Viele Männer haben sich in Wirklichkeit noch immer nicht von ihrer Mutter gelöst, immer noch gibt es eine unsichtbare Nabelschnur, die sie daran hindert, sich frei zu entfalten. Sie können nicht wirklich ihren Weg gehen, nicht aus eigener Kraft leben, kein Wilder Mann sein, solange diese Nabelschnur nicht durchtrennt ist. Erst wenn auch die psychische Nabelschnur durchschnitten und verheilt ist, kannst Du mit Deiner Mutter eine für euch beide fruchtbringende Beziehung eingehen. Erst dann kannst Du aufhören, ungerechtfertigte Ansprüche an sie zu stellen, und sie ebenso. Erst dann könnt Ihr Euch wirklich lieben – denn das heißt, Du kannst sie so leben lassen, wie es für sie passt, und sie kann Dich so leben lassen, wie es für Dich gut ist, weil Euch beiden nur wichtig ist, dass es dem jeweils anderen gut geht!

Auch aus einem zweiten Grund ist es enorm wichtig, die psychische Nabelschnur zur Mutter zu durchtrennen: Erst dann ist wirklich Platz für eine andere Frau in Deinem Leben! Bei zu vielen Männern ist immer noch die Mutter die Frau in ihrem Leben, manchmal kaum erkennbar und manchmal recht offensichtlich. Solange das so ist, hat die Partnerin keine Chance, ihren Platz neben dem Mann einzunehmen, gibt es keine wirkliche Zweierbeziehung.

Unsere psychische Nabelschnur besteht zum Großteil daraus, was unsere Mutter immer und immer wieder zu uns gesagt, uns vorgehalten, uns eingeschärft oder aufgetragen hat. Diese Aussprüche werden oft zu einer Stimme in unserem Kopf, zu unserer verinnerlichten Mutter, die immer aktiv ist, selbst wenn die Mutter schon gar nicht mehr lebt! Was „hörst" Du immer wieder (bewusst oder unbewusst)? Wie oft hörst Du „Lass das! Sei anständig! Mach das so und so! Pass auf! Sei schön vorsichtig!" usw.? Viele von diesen andauernd wiederholten Aussprüchen werden von uns zu Glaubenssätzen verkürzt.

Einer meiner Glaubenssätze lautet „Ich darf mir nicht weh tun" – entstanden aus dem absolut gut gemeinten, oftmaligen Hinweis: „Pass auf, tu Dir nicht weh!" Das Resultat? Ich bin übervorsichtig, wenn es um Körpereinsatz und sportliche Betätigung geht, um nicht zu sagen, feige! Und ich kämpfe, seit ich mich erinnern kann, dagegen an.

Horch in Dich hinein, höre auf die Stimme Deiner inneren Mutter, jene Sätze, die Du verinnerlicht hast und Dir selbst immer wieder vorsagst, auch wenn Deine wirkliche Mutter sie vielleicht gar nicht mehr verwendet. Verfahre mit ihnen wie mit Deinen anderen Glaubenssätzen: Behalte die heute noch gültigen und guten und lass die anderen los, damit Platz und Weite in Dir entsteht. Durchtrenne behutsam aber bestimmt die psychische Nabelschnur und stelle Eure Beziehung auf ein neues, gutes, fruchtbringendes Fundament. Wenn es Dir möglich ist, so sprich auch mit ihr darüber, doch mach Dir keine Sorgen, falls das nicht geht – es ist nicht unbedingt nötig, dass sie die Veränderung Eurer Beziehung ebenfalls bewusst vollzieht, denn allein dadurch, dass Du das Fundament neu definiert hast, wird sich Euer Verhältnis verändern.

Versuche, Deiner Mutter keinen Vorwurf zu machen, sondern das anzuerkennen, was sie für Dich getan hat. Unsere Mütter haben sicher nichts böswillig getan, sondern weil sie nicht anders konnten, weil sie auch nur Menschen mit Fehlern sind, so wie wir alle. Zu einer Beziehung gehören immer zwei – auch wir haben unseren Teil dazu beigetragen. Vielleicht indem wir ertragen, mitgetragen haben, oder vielleicht auch indem wir gewisse Konstellationen sogar ausgenutzt haben. Auf jeden Fall tragen wir vieles von dem heute noch mit uns herum, wenn wir es unserer Mutter nachtragen – und das ist Ballast für uns, für den wir ganz alleine verantwortlich sind. Schließlich sind wir erwachsen und dafür verantwortlich, was wir aus unseren Erfahrungen machen! Es ist wichtig, aufzuhören, unserer Mutter etwas nachzutragen! Es ist wichtig, negative Erlebnisse loszulassen und unserer Mutter zu verzeihen, was auch immer wir ihr vorwerfen. Ich meine hier mit verzeihen nicht, es nachträglich gutzuheißen, sondern eben wirklich verzeihen, vergeben.

Nachdem Du nun betrachtet hast, welchen Einfluss Deine Mutter auf Dein Leben hatte und hat, ist es an der Zeit, den Blick auf eine für unser Thema wichtige Besonderheit zu richten: Das Mutterbild bestimmt meistens auch das Frauenbild des Mannes, und zwar entweder positiv oder negativ: Die Frau soll so wie die Mutter sein oder sie soll auf keinen Fall so sein. Auch das Verhalten gegenüber Frauen wird oft indirekt von der Mutterbeziehung beeinflusst. Vieles von dem, was man an seiner Mutter gemocht oder was einen gestört hat, überträgt man unbewusst auch auf andere Frauen.

Ich beispielsweise wollte auf keinen Fall eine Hausfrau haben, da ich der (ungerechtfertigten) Meinung war, dass meine Mutter und damit alle Hausfrauen nur einen beschränkten Horizont und Zugang zur Welt haben. Ohne darauf zu kommen, dass meine Mutter in ihrer Welt zufrieden war, ihre Aufgabe bei uns gesehen und sich daher nicht stärker für die Außenwelt interessiert hat, habe ich das auf alle Frauen übertragen. Und so habe ich meine Ex-Frau am Anfang unserer Beziehung gedrängt, um nicht zu sagen gezwungen, arbeiten zu gehen, denn „meine Frau bleibt nicht daheim!“

Denk darüber nach: Wie hat Dein Mutterbild Dein Frauenbild beeinflusst? Suchst Du nach einer Partnerin, die Deiner Mutter ähnlich ist? In welcher Hinsicht muss sie so sein wie Deine Mutter? Welches Bedürfnis spielt dabei eine Rolle? Welche Eigenschaft Deiner Mutter darf Deine Partnerin auf keinen Fall auch haben? Und warum stört Dich gerade diese Eigenschaft so? Hast Du sie etwa selbst übernommen, ohne es zu wissen?

## 7. Papa und ich sind die Größten

Für einen kleinen Buben ist der eigene Vater der tollste Mann, den es gibt. Er ist derjenige, dem man nacheifert, über den man sich ab einem gewissen Alter definiert, von dem man männlichen Selbstwert bekommt. Jeder kleine Bub möchte so werden wie der Vater – und kaum ein Mann will so sein wie sein Vater. Seltsam, oder doch nicht?

Der Vater ist der zweite Mensch in Deinem Leben. Gleichzeitig ist er der, von dem Du am meisten über das Mannsein gelernt hast, egal ob im Guten oder im Schlechten. Wenn Dein Vater in Deinem Leben nicht präsent war, dann denke im Folgenden statt „Vater“ an Deine männliche Bezugsperson. Viel von dem, wie wir unser Mannsein leben, haben wir vom Vater gelernt, natürlich auch, wie wir die Beziehung zu einer Frau leben. Wir leben in vielen Bereichen so, wie wir es beim Vater gesehen haben. Oder wir versuchen so zu leben, wie wir es uns von unserem Vater gewünscht hätten, versuchen die Fehler zu vermeiden, die er unserer Meinung nach begangen hat. Ein hoher Prozentsatz der Männer gibt an, auf keinen Fall so sein zu wollen wie ihr Vater. Bei näherer Betrachtung verhalten sich jedoch die meisten dieser Männer in vielen Bereichen ihres Lebens unbewusst ganz genauso wie ihr Vater. Wie kommt es zu dieser Diskrepanz? Wie kommt ein Mann von „Papa und ich sind die Größten“ zu „So wie er will ich nie werden“? Was läuft da ab in unserem Leben?

Als kleiner Bub ist der Vater Dein Held. Vielleicht erinnerst Du Dich gar nicht mehr an diese Zeit, weil er sehr früh aus dieser Rolle herausgefallen ist. Dennoch gibt es diese Phase bei nahezu allen Männern, so kurz sie auch sein mag. Wenn Dein Vater liebevoll zu Dir ist, nicht zu streng und auch halbwegs gerecht, wenn er selbst auf gutem Weg zum Wilden Mann ist, dann dauert diese Phase länger. Dann gibst Du in der Schule damit an, was Dein Vater alles kann und wie toll er ist, Du steigerst Dein „männliches" Selbstwertgefühl über den Mann, von dem Du abstammst. Selbst wenn Deine Freunde Dich mit den Erzählungen von ihrem Vater in allem übertrumpfen, stört Dich das meist nicht sehr, wenn er Dir nur ein guter Vater ist.

Doch wie gut Dein Verhältnis zu Deinem Vater auch sein mag, irgendwann merkst Du, dass er nicht der große Held ist, den Du gerne zum Vater hättest. Spätestens in der Pubertät, wenn Dein Mannsein zum Leben erwacht, beginnst Du Dich mit ihm zu messen – so er Dich nicht vorher schon als Rivalen betrachtet und mit Dir um die Gunst der Mutter gekämpft hat. Immer mehr spürst Du die junge, unverbrauchte Kraft in Dir, immer deutlicher, fast wie unter der Lupe, siehst Du seine Fehler, immer offener wird der Kampf geführt. Instinktiv weißt Du, dass Du Deinen Vater besiegen musst, ihn übertrumpfen musst, um ein Mann zu werden. Und Du suchst Dir das Schlachtfeld, auf dem Du Deine Chance siehst – sei es nun Sport, Ausbildung, Beruf, finanzieller Erfolg, Eroberungen, Trinkfestigkeit, was auch immer. Normalerweise wirst Du den Sieg auch erringen – es sei denn, Dein Vater ist so weit vom Wilden Mann entfernt, dass er Dich klein halten muss, um sein bisschen Selbstwert zu behalten. Damit, dass Du den Sieg errungen hast, ist allerdings erst die Schlacht und noch nicht der Krieg gewonnen. Der Sieg und damit Dein Mannsein muss Dir vom Vater auch zuerkannt werden. Erst dann bist Du – vor Deinen inneren Richtern – ein wirklicher und wahrhaftiger Mann. Erst dann brauchst Du nicht mehr mit Deinem Vater zu kämpfen, brauchst Du Dein Mannsein nicht mehr zu beweisen. Dann kannst Du auch mit Deinem Vater eine erwachsene Beziehung leben, Ihr könnt Freunde werden, die einander begleiten. Dein Vater kann zu Deinem Mentor werden.

Der eben beschriebene Weg ist der Idealfall, das Vater-Sohn-Verhältnis verläuft in vielen Fällen leider anders. Schau Dir den Weg, den Du mit Deinem Vater gegangen bist, diesen gemeinsamen Werdegang genau an. Erkenne, wo er oder Du oder Ihr beide abgebogen seid. Das ist für Deinen Weg zum Wilden Mann sehr wichtig. Falls Du Vater eines Sohnes bist oder sein wirst, ist es für Dich noch wichtiger, Dir diesen Weg bewusst zu machen, um ihn mit Deinem Sohn richtig gehen zu können.

Versuch Dich an die Zeit zu erinnern, in der Dein Vater Dein Held war. Wie war er damals für Dich? Groß, stark und übermächtig und gleichzeitig liebevoll, beschützend und fördernd? Oder war er unnahbar, unerreichbar, jemand, dessen Kreise man nicht stören durfte? War er ein Held zum Anfassen oder einer, der aus der Ferne gewirkt hat? Wie war das, als Du so sein wolltest wie er – wolltest Du das, damit Du auch so toll bist oder damit Du ebenso mächtig bist? Wenn Du Dich nicht an diese Phase erinnern kannst, dann überlege, warum. Vielleicht ist Dein Vater sehr früh vom Weg abgebogen, weil er – für Dein Empfinden, und um das geht es – nie gut zu Dir war? Weil er Dich von Anfang an bekämpft hat, Dich klein halten wollte, in Dir den Rivalen gesehen hat? Wenn es so war, dann denke daran, dass das nichts mit Dir und dem wertvollen Geschenk, das Du bist, zu tun hatte! Dahinter standen seine Ängste und seine Probleme mit seinem Mannsein. Betrachte, wie Ihr den Weg weitergegangen seid, und denk darüber nach, wie Du ihn gerne gehabt hättest.

Wenn Du jedoch diese Zeit erlebt hast, in der Dein Vater Dein Held war, so spür dem nach. Wie war das, als Du bei Deinen Freunden mit Deinem Vater angegeben hast – „mein Vater kann am besten Fußball spielen, am schnellsten Auto fahren, am längsten tauchen"? Wie war es für

Dich, wenn andere Dir nicht geglaubt oder Dich übertrumpft haben? Wann ist Dir das erste Mal der Verdacht gekommen, dass Dein Vater doch nicht in allem der Größte sein könnte? Warst Du sehr enttäuscht oder hast Du Dich manchmal gar für ihn geschämt? Schau Dir beides genau an, die Situationen, in denen Du mit ihm angegeben hast, und vor allem die, in denen Du Dich geschämt hast! Beides kann unbewusst große Auswirkung auf Dein Leben haben, Dich zu Taten bringen, die sonst gar nicht wirklich zu Dir gehören. Vielleicht musst Du das stärkste Auto haben, weil Du Dich geschämt hast, dass Dein Vater nur eine alte Schrottkiste fährt? Oder Du musst eine Sportskanone sein, weil Dein Vater auch eine war? Oder Du musst immer und unter allen Umständen Deine Pflicht erfüllen, weil Dein Vater so unzuverlässig war?

Viele Männer sind in einem solchen Muster gefangen, handeln immer noch, um eine Enttäuschung aus der Kindheit wegzustecken, um ja nicht noch einmal mit ihr in Berührung zu kommen. Dabei legen sie sich jedoch einen Zwang auf, etwas, das sie hindert, frei und wild zu sein. Oft genügt es, sich der erlittenen Enttäuschung bewusst zu werden, das Muster zu erkennen und beides mit den heutigen erwachsenen Augen zu betrachten. Wie viel Bedeutung hat das Erlebte denn wirklich für Dein Mannsein? Wie schlimm ist es aus heutiger Sicht, dass Deine Schulkameraden Dich wegen des Autos Deines Vaters gehänselt haben? Kannst Du, der erwachsene Mann, das Kind, das Du damals warst, nicht einfach umarmen, trösten und ihm seinen Selbstwert wiedergeben? Versuche es, denn das macht Euch beide frei!

Geh weiter auf dem Weg zum Erwachsenwerden. Erinnere Dich an die Zeit, als Du erkannt hast, dass Dein Vater gar nicht so toll ist, dass Du selber eigentlich auch ganz gut bist. Als Du gemerkt hast, dass er Fehler hat und Du Dich in mancherlei Hinsicht durchaus mit ihm messen kannst. Geh hinein in das Gefühl, das Du hattest, als Du ihn wieder und wieder mit kleinen Sticheleien oder ähnlichem herausgefordert hast. Wie war das, bist Du – bildlich gesprochen – um ihn herumgetänzelt und hast ihn zum Kampf aufgefordert? Oder hast Du ihn nur von hinten anzugreifen gewagt? Welches Schlachtfeld hast Du Dir letztlich ausgesucht, um Deinen Vater zu besiegen? War es Sport, Bildung, Beruf, Karriere, Frauen? Oder hat er Dir das Schlachtfeld aufgezwungen, weil er Dir das Gefühl gegeben hat, Dich nur dann als Mann anzuerkennen? Musstest Du auf ein negatives ausweichen, wie etwa Alkohol, weil Du auf den positiven keine Chance für Dich gesehen hast? Gekämpft hast Du sicher, die Frage ist nur, wo und wie. Und ob Du aus Deiner Sicht gewonnen hast.

Doch selbst wenn Du aus Deiner Sicht gewonnen hast, so reicht das nicht für ein positives Ende des gemeinsamen Weges. Dazu ist es notwendig, dass Dein Vater Deinen Sieg anerkennt, ihn Dir zuspricht, Dir damit seinen männlichen Segen gibt und Deine Mannwerdung als vollendet erklärt. Dass er Dir zeigt, dass er stolz auf Dich ist, dass er sich freut, dass Du etwas besser geschafft hast als er, dass er Dich liebt und achtet. Erst dann löst sich das unsichtbare Band der Konkurrenz zwischen Söhnen und ihren Vätern.

Ich erlebe bei Männern die unterschiedlichsten Konstellationen. Viele haben ihren Kampf im positiven Sinn ausgefochten – sie haben ihren Vater an Ausbildung, sportlichem Erfolg oder auch beruflicher Karriere übertroffen. Doch bei viel zu wenigen ist der Vater stark und wild genug, um den Sieg neidlos anzuerkennen und ihnen vorbehaltlos den Status Mann zu verleihen. Oft sind auch im Laufe des Weges zu viele Verletzungen passiert, sodass Vater und Sohn es nicht schaffen, zu einer wirklich freundschaftlichen, beide bereichernden Beziehung zu finden.

Ich kenne sehr wenig Männer, die eine solche Beziehung zu ihrem Vater haben.

Vielen Männern hat ihr Sieg gar nichts geholfen, weil ihr Vater ihn nicht anerkannt hat, sie klein gemacht hat, statt sie zu segnen. „Ja, ein Studium hast Du vielleicht geschafft, aber was Gescheites arbeiten kannst Du nicht" – ein Ausspruch, der den Sohn dazu bringt, weiter und weiter zu kämpfen und immer wieder zu versuchen, dem Vater zu beweisen, dass er wirklich ein Mann ist. So viele Männer ringen noch mit 40 oder 50 um die Aufnahme in den Klub der Männer, weil ihr Vater sie ihnen verweigert hat.

Wie war das bei Dir? Hat Dein Vater Dein Mannsein anerkannt? Oder kämpfst Du noch immer darum, vielleicht ohne dass Du es weißt? Um ein Wilder Mann zu sein, musst Du Dir Deiner Männlichkeit bewusst und sicher werden. Wenn Dir Dein Vater diese Sicherheit bis heute nicht gegeben hat, so ist es hoch an der Zeit, sie Dir zu holen.

Frag Deinen Vater, was er an Dir schätzt, worauf er stolz ist, was ihm Freude macht! Frag ihn, was er gerne anders hätte und wo er Deine Stärken und Schwächen sieht. Sprich mit ihm über Deine Träume und Wünsche und über Dein Mannsein. Das kannst Du auch tun, wenn er schon tot ist, sprich einfach ins Universum hinein und er wird Dir antworten, glaube mir! Mein Vater ist für mich viel zu früh gestorben, während ich noch mit ihm gekämpft habe. Doch ich habe meinen Sieg errungen und ich weiß, dass er stolz auf mich ist und mich auch als Mann und nicht nur als Sohn schätzt. Ich habe oft mit ihm gesprochen, seit er tot ist, und immer seine Antwort in mir gehört.

Wenn Dein Vater Dir trotz allem die Anerkennung nicht geben kann, dann überlege, warum das so ist. Was glaubst Du tun zu müssen, damit er Dein Mannsein doch anerkennt? Liegt es wirklich daran, dass Du das noch nicht (genug) getan hast, oder liegt es vielleicht an ihm, an seiner Situation, dass er Dir diesen Segen nicht geben kann? Denke darüber nach, was Deinem Vater in seinem eigenen Mannsein fehlt, um Dich als Mann anzunehmen! Schau, wo er selbst daran gehindert ist, ein wilder Mann zu sein. Wo ist er unfrei, eingesperrt, kann nicht aus seinen Zwängen heraus? Was fehlt ihm zur lustvollen und behutsamen Männlichkeit? Manche Väter leiden darunter, dass ihr Sohn sie übertrumpft hat, sehen darin einen Einbruch ihrer eigenen Männlichkeit. Wenn dem so ist, dann sprich mit ihm darüber. Versuche, ihn zu verstehen, und hilf ihm, Dich zu verstehen. Wenn möglich, komm ins Reine mit Deinem Vater.

Wenn Dein Vater dennoch nicht dazu in der Lage ist, dann gibt es andere Männer, die Dir Dein Mannsein bestätigen können. In Wirklichkeit haben es viele andere Männer sicher schon tausendmal getan, Du musst Dich nur daran erinnern. Und Du musst es bewusst annehmen, Dir klar werden, dass Du den Status Mann schon lange ein für alle Mal verdient hast und dass Du nichts mehr beweisen musst, sondern einfach Du selbst sein kannst.

Bei all dem versuche Deinen Vater nicht zu verurteilen, auch wenn er nicht so war, wie Du es gern gehabt hättest. Gestehe ihm zu, dass er nur ein Mensch ist, der Fehler, Ängste und Schwächen hat. Er hat sicher auf seine Weise versucht, das Beste für Dich zu tun, selbst wenn es für Dich sehr schmerzlich war. Lerne, ihm zu verzeihen, ihm zu vergeben – was nicht gleichbedeutend damit ist, dass Du gutheißt, was er Dir angetan hat! Aber als erwachsener Mann liegt es bei Dir, wie Du mit den Geschehnissen Deiner Kindheit umgehst: ob Du sie verzeihen und loslassen kannst oder ob Du immer weiter damit kämpfst. Vielleicht hast Du, wie leider sehr viele Menschen, ein Problem damit, etwas zu verzeihen und zu vergeben, was

Dir sehr wehgetan hat. Was Du verzeihst und vergibst, erklärst Du damit aber noch lange nicht für in Ordnung oder gar als gut. Du sagst damit vielmehr, dass Du es dem anderen nicht mehr nachtragen wirst. Dass da natürlich eine Wunde ist, die Du jedoch abheilen lassen willst. Du tust damit Euch beiden etwas Gutes, denn eine Wunde, die nicht heilen darf, ist ein stetiger Kraftverlust in Deinem Leben! Schließe Frieden mit Deinem Vater, damit Du ein wirklich kraftvoller Wilder Mann sein kannst!

Auch in anderer Hinsicht hat Dein Vater Dich sehr stark beeinflusst, nämlich wie Du mit Frauen umgehst. Viele Männer sind gerade auf diesem Gebiet entweder ganz genauso wie ihr Vater oder verhalten sich genau gegenteilig. Um herauszufinden, ob das bei Dir vielleicht unbewusst auch so ist, musst Du Dir diesen Aspekt im Leben Deines Vaters genau anschauen.

Wie ist Dein Vater in Deiner Kindheit und Jugend mit Frauen umgegangen? Was hatte er für ein Frauenbild? Wie waren die Frauen in seinem Leben? Frag ihn, sprich mit ihm darüber, versuche ihn zu verstehen. Dann schau, was Du davon übernommen hast. In welcher Hinsicht gehst Du ähnlich mit Frauen um wie Dein Vater – sei es nun positiv oder negativ? Wie hat Dein Vater über Frauen gesprochen? Waren Frauen für ihn gleichberechtigt, Menschen zweiter Klasse oder über ihm stehend? Hat er ihnen Achtung und Respekt entgegengebracht oder sie abschätzig behandelt? Musste er sie klein machen, um selbst groß zu sein, oder war er stark genug, ihnen ihre Stärke zu lassen? Und wie ist das bei Dir?

Denke darüber nach, wie Dein Vater mit Deiner Mutter umgegangen ist, wie die beiden Beziehung gelebt haben. Wie hat Dein Vater Deine Mutter behandelt? Hat er um Deine Mutter geworben, auch später noch, als die Beziehung schon länger angedauert hat, oder war alles selbstverständlich für ihn? Hat er ihr auch mal zwischendurch kleine Geschenke gebracht oder regelmäßig den Hochzeitstag und ihren Geburtstag vergessen? Hat er ihr Zärtlichkeiten gegeben, auch vor Euch Kindern? Und wie hat sie auf all das reagiert, wie hat sie sich dabei gefühlt? Wie hat sie ihn behandelt? Bestand da Unterwürfigkeit in der einen oder anderen Richtung oder hast Du echte Partnerschaft erlebt? Wie sind Deine Eltern mit Konflikten umgegangen? Konntest Du wirklich Kind und Sohn sein oder warst Du in der Rolle des Schiedsrichters? Hat jemand versucht, Dich auf seine Seite zu ziehen, oder solltest Du gar die Rolle des Ersatzpartners übernehmen?

Nimm Dir Zeit, darüber nachzudenken, wie Dein Vater Frauen behandelt hat und wie Deine Eltern ihre Beziehung gelebt haben. Denke besonders darüber nach, ob Du nicht vielleicht das übernommen hast, was Dir nicht gefallen hat, oder aber ob Du fast zwanghaft genau das Gegenteil tust. Beides macht Dich unfrei.

## 8. Ein Indianer kennt keinen Schmerz

Hast Du als Kind diesen Satz auch öfter gehört? Vielleicht auch noch gepaart mit „Ein großer Bub weint doch nicht“? Solche Sätze und Aussprüche wie „Beiß die Zähne zusammen“ und „Nur die Harten kommen durch“ führen dazu, dass wir schon als Kind lernen, unsere Schmerzen zu verdrängen, sowohl die körperlichen als auch die seelischen. Doch verdrängter Schmerz sitzt dann in uns wie ein eingeschlossener, verhärteter Fremdkörper, der uns in unserer Bewegungsfreiheit hindert. Durchlebter Schmerz jedoch gibt seine Perle frei, er schenkt Dir das, was Du aus ihm lernen kannst.

Ich erlebe immer wieder, wie Männern die Beschäftigung mit Leid, das Zulassen, Annehmen und liebevolle Umarmen des Schmerzes gut tut und sie zu sich selbst befreit. Oft ist dazu professionelle Hilfe nötig, um die Konfrontation gut bewältigen zu können. Vor allem seelischer Schmerz muss durchlebt werden, er muss angenommen und akzeptiert werden statt verdrängt, damit die Wunde wirklich heilen kann.

Welche Schmerzen hast Du in Deinem Leben erfahren? Beginne bei den einfach festzustellenden: Schau Deinen Körper an, wo sich Narben und verheilte Wunden finden. Denke bei jeder zurück an das Erlebnis, bei dem diese spezielle Verletzung entstanden ist. Schau Dir die Situation, wie sie damals war, noch einmal an. Hast Du den Schmerz zulassen dürfen oder musstest Du ihn verbeißen? Wenn Du ihn nicht zulassen durftest, kannst Du ihn heute noch spüren? Kannst Du ihn jetzt hochkommen lassen, ihn aus seinem Gefängnis befreien, herauslassen, auslassen und so von ihm befreit werden? Versuche es, es entlastet ungemein, denn es geht dabei natürlich nicht mehr um den echten körperlichen Schmerz von damals, sondern um den seelischen Schmerz der Enttäuschung, des Alleingelassen-worden-Seins, des Nicht-getröstet-worden-Seins, der durch das Verbeißen-Müssen des körperlichen Schmerzes entstanden ist (eine Übung, die das Zulassen und Auslassen von Schmerz erleichtert, findest Du am Ende des Kapitels). Spüre dann bei jeder dieser Verletzungen dem nach, was sie Dich über Dein Leben gelehrt hat – jede Verletzung schenkt Dir eine Perle und mag sie noch so klein sein!

Wenn Du Deinen körperlichen Verletzungen nachgespürt hast, dann beginne behutsam Deine seelischen Wunden und Narben zu betrachten. Einigen davon wirst Du in den vorigen drei Kapiteln schon begegnet sein. Wo ist Dir als Kind wehgetan worden, von der Mutter, vom Vater oder von anderen? Versuche nicht in die Falle der Schuldzuweisungen zu tappen, denn darum geht es nicht und Du würdest Dich damit nur von Dir entfernen. Es geht darum, den Schmerz aus dem dunklen Winkel Deiner Seele, in den Du ihn verbannt hast, zu befreien, ihn ans Licht zu bringen und ihn langsam loszulassen, sodass Heilung beginnen kann. Wenn er zu groß ist, suche Dir Unterstützung und gehe besonders behutsam und achtsam vor. Es ist keine Schande, die Erfahrung eines Therapeuten zu nutzen, um einen tief sitzenden Schmerz zu heilen. Nähere Dich der Wunde vorsichtig, beginne sie zu säubern und zu desinfizieren. Dann verbinde sie liebevoll und gib ihr – und damit Dir – Zeit zum Verheilen.

Geh dann weiter in Deiner Lebensgeschichte. Wo bist Du als junger Mann verletzt worden, wo dann etwas später, wo erst vor kurzem? Welche Bevorzugung eines anderen hat Dir wehgetan, wo wurdest Du missachtet, wo hintergangen? Welche Niederlagen hast Du erlitten, wo wurdest Du ausgenutzt, wo bist Du gescheitert? Welche Trennung hat eine tiefe Wunde geschlagen, welche Demütigung hast Du hinnehmen müssen, welche Schläge hat Dir das Schicksal zugefügt?

Betrachte behutsam jede Verletzung Deiner Seele, die Dir einfällt, schau, ob die Wunde, die Dir zugefügt wurde, gut verheilt ist oder ob sie immer noch vor sich hin schwärt. Streiche liebevoll über jene Wunden, die verheilt sind, und versorge noch liebevoller jene, die noch heilen müssen – sie alle sind ein Teil von Dir, haben ebenfalls Wertvolles zu Deinem Lebensschatz beizutragen, auch wenn Du ihren Wert vielleicht erst finden musst.

Für Deinen Weg zum Wilden Mann ist es besonders hilfreich, wenn Du auch Zusammenhänge zwischen einzelnen Verletzungen erkennen kannst, wenn Du Muster dahinter erfassen kannst. Solche Muster sind häufiger anzutreffen, als Du vielleicht denkst. Oft wird einem ein und dieselbe Verletzung in ähnlicher Art und Weise immer wieder zugefügt, bis man endlich das Muster in seinem Leben erkennt, mit dem man genau diese Art von Verletzung herausfordert. Erst dann kann man dieses Muster auch auflösen und ist damit einen Riesenschritt weitergekommen. Und meistens ist zur Auflösung des Musters notwendig, die erste, älteste Wunde anzusehen und ihr zur Heilung zu verhelfen.

So verhält es sich übrigens auch mit Verletzungen, die Du anderen zufügst. Natürlich kann niemand durchs Leben gehen, ohne anderen wehzutun – oft geschieht das ja auch ganz unbewusst. Doch wenn es ein Muster gibt, wenn Du anderen immer wieder die gleiche Wunde schlägst, hat das viel mehr mit Dir als mit den anderen zu tun. Fast immer steckt dahinter eine tiefe Verletzung, die Dir selbst widerfahren ist und die Du verdrängt hast. Du verletzt dann andere, um entweder unbewusst Rache zu nehmen oder aber um damit zu erreichen, dass Du nicht noch einmal verletzt wirst. Ein Mann, den ich kenne, beendete alle seine Beziehungen nach relativ kurzer Zeit ziemlich drastisch und tat dabei den Frauen immer sehr weh. Erst als er erkannte, dass in Wirklichkeit eine tiefe Verletzung aus seiner Kindheit durch seine Mutter dahinter steckte, dass er sich von ihr in einem wichtigen Moment völlig alleingelassen gefühlt hatte, konnte er dieses Muster allmählich loslassen. Er sah, dass er seinen Partnerinnen diesen Schmerz aus Angst zufügte, selbst durch Trennung neuerlich verletzt zu werden. Dabei hatte er sich so nach einer festen Beziehung gesehnt. Als er den Schmerz von damals zulassen konnte, ihn spüren und auch loslassen konnte, war es der Wunde möglich, zu heilen. Heute lebt er seit längerem in einer glücklichen Beziehung.

Wenn Du Deinen Verletzungen nachspürst, frage Dich auch, wo sie sich körperlich manifestieren. Physische Wunden sind ja relativ einfach zu lokalisieren, doch auch die psychischen haben immer mindestens einen Ort im oder am Körper, wo der Schmerz sitzt. Versuch ihn zu lokalisieren und dann heilende Energie dorthin zu schicken. Das geht ganz einfach, stell Dir vor, dass Du die warme, nährende Energie der Erde durch Deine Fußsohlen aufnimmst, die Energie dann höher und höher steigen lässt, bis sie dort angelangt ist, wo der Schmerz sitzt, und diesen durchtränkt, umarmt und ganz langsam verwandelt.

Vielleicht hast Du bei diesem Lokalisieren des seelischen Schmerzes im Körper auch ein Aha-Erlebnis, vielleicht erkennst Du dabei, dass ein chronischer Schmerz genau zu einer uralten, vergessen geglaubten seelischen Verletzung gehört, und kannst ihn endlich lindern. Leg auf jeden Fall Deine Hand auf die schmerzende Stelle, tu Deinem Körper dort etwas Gutes, denn es wird auch Deiner Seele Balsam sein.

Da Körper und Seele miteinander in Verbindung stehen, ist es auch wert, den umgekehrten Weg zu gehen: Wo hast Du öfter körperlichen Schmerz und was will Dir

Deine Seele damit sagen? Hast Du einen chronisch übersäuerten Magen, weil Du immer alle Kränkungen „in Dich hineinfrisst“? Hast Du Probleme mit den Zähnen, weil Dir „der Biss fehlt“? Oder hast Du Kreuzschmerzen, weil eine kaum zu bewältigende Last auf Deinen Schultern ruht?

Ich bekam eines Tages Schmerzen im Hoden, die einfach nicht weggingen. Ich war natürlich bei allen möglichen Ärzten und Untersuchungen, doch es war keine medizinische Ursache dafür zu finden. Der letzte Arzt, den ich deswegen aufgesucht hatte, sagte mir lapidar: „Es gibt Schmerzen, mit denen man leben muss.“ Dabei wusste ich teilweise schon nicht mehr, wie ich Auto fahren sollte, und längeres Sitzen ohne Bewegung war mir kaum mehr möglich. Eine Homöopathin brachte dann endlich etwas Linderung – doch wirklich geheilt wurde der Schmerz, als ich seine seelische Ursache entdeckte. Als ich erkannte, dass meine Ehe darnieder lag, dass wir nur mehr nebeneinander und nicht mehr miteinander lebten, als mir das bewusst wurde, war der Schmerz schlagartig verschwunden.

Arbeite an Deinen Schmerzen, an den Verhärtungen, die in Dir sind, an all den seelischen Narben! Wenn Du zu viele solche Verhärtungen und schlecht verheilte Wunden hast, wirst Du selbst hart und verhärmt. Hilf Deinen inneren Wunden, richtig zu heilen, damit Du wieder weich und geschmeidig wirst, damit Du ein Wilder Mann wirst.

Zum Schluss dieses Kapitels biete ich Dir eine Übung an, die das Aufarbeiten und Loslassen eines seelischen Schmerzes meiner Erfahrung nach erleichtert. Sie macht sich den beschriebenen Zusammenhang zwischen Körper und Seele zunutze, indem über den Körper der Schmerz und die Heilung ausgedrückt wird. Am schönsten ist es, wenn Du diese Übung gemeinsam mit anderen, Dir wohlgesonnenen Männern machen kannst, wobei dabei immer einer die Übung macht und die anderen ihm still zusehen, ihm Kraft und Energie schicken und ihn am Ende der Übung in Empfang nehmen. Du kannst die Übung aber auch alleine durchführen. Du brauchst dazu genug Platz (mindestens 15 $m^2$ freie Fläche, je mehr desto besser), eine Stereoanlage (wenn Du alleine bist, auch eine Fernbedienung) und ausreichend Zeit (pro Person eine Viertelstunde und danach Zeit zum Ausruhen und Nachspüren).

Bereite Musik vor, die zuerst vielleicht langsam und meditativ ist, dann aber auf jeden Fall schneller und kraftvoller wird – sie sollte zwischen 7 bis 10 Minuten dauern. Geh in eine Körperhaltung, die den Schmerz, an dem Du arbeiten willst, am besten widerspiegelt. Lass Dir Zeit beim Finden dieser Körperhaltung, probiere mehrere aus, bis Du Dir sicher bist. Dann sprich die Worte aus: „Ich umarme meine Verletzung und meinen Schmerz.“ Dabei ist es hilfreich, die Verletzung bzw. ihre Ursache auch präziser zu benennen. Sodann starte die Musik und bleib noch in der Körperhaltung. Lass Dich ganz auf die Musik ein und wenn es beginnt, Dich zu bewegen, lass Dich ganz in die Bewegung fallen. Tanze Deinen Schmerz, drücke ihn über die Bewegung aus. Das wird zu seiner und Deiner Heilung beitragen!

## 9. (Un-)Heimliche Emotionen

Viele Frauen in meinen Interviews haben erzählt, dass sie sich von ihrem Partner wünschen, er möge Emotionen zeigen und über seine Gefühle sprechen. Sie wünschen sich, dass er die Gefühle nicht unterdrückt, sondern spürt, zulässt und zeigt, aber auch mit ihnen umgehen kann. Denn wie die Überschrift dieses Kapitels ausdrückt: Gerade uns Männern sind Emotionen nicht immer geheuer, sondern eher unheimlich und wir verstecken sie auch oft, fühlen heimlich. Ein gesunder Umgang mit Emotionen, den eigenen wie auch den fremden, ist ein ganz wesentlicher Aspekt des Wilden Mannes – vielleicht der Grund, warum sich Frauen das von ihren Partnern wünschen.

Die am Anfang des vorigen Kapitels erwähnten Sätze bringen uns Männer nicht nur dazu, den Schmerz zu unterdrücken. Wir lernen schon als kleiner Bub, einen Großteil unserer Emotionen nicht zu zeigen – ein großer Bub weint doch nicht –, und je älter wir werden, umso mehr perfektionieren wir das. Wen wundert es, dass dann die Wenigsten von uns mit den Emotionen ihrer Partnerin gut umgehen können, geschweige denn mit den eigenen? Doch gerade in der Beziehung zwischen Mann und Frau läuft fast alles auf der Basis von Emotionen ab. Und so müssen wir Männer, um beziehungsfähiger werden zu können, uns dieses Thema von Grund auf neu erarbeiten.

Was sind Emotionen eigentlich? Wissenschaftlich formuliert, bezeichnet Emotion die körperliche, verstandes- und gefühlsmäßige Reaktion des Individuums auf Umweltereignisse, die für die eigenen Bedürfnisse bedeutsam sind. Dabei führt die emotionale Bewertung einer Situation oft zu deutlichen Lust- oder Unlustempfindungen, Veränderungen physiologischer Erregung und spezifischen Handlungstendenzen.

Emotionen sind also unsere Reaktionen auf Situationen, wobei diese Situationen nicht im Hier und Jetzt stattfinden müssen, sondern genauso gut in der Vergangenheit oder in der Zukunft liegen können. Wenn ich an einen besonders schönen Abend denke, dann werde ich die Freude von damals wieder spüren, genauso gibt es die so genannte Vorfreude. Wenn man diesen Gedanken weiter spinnt, dann merkt man, dass die Emotionen gar nicht nur von realen Situationen abhängen, sondern viel mehr von unserer Vorstellung bzw. unserer Sicht der Situation. Ein Freund erzählt mir, dass seine Wohnung ausgebrannt ist, und in mir steigt zuallererst ein Gefühl der Angst hoch, der Hilflosigkeit: „Was mache ich, wenn mir das passieren würde, ich habe doch noch keine Versicherung“ usw. Bei jemand anderem, aber auch bei mir selbst in anderen Lebensumständen, würde die gleiche Situation völlig andere Emotionen auslösen, zum Beispiel Mitgefühl.

Besonders deutlich wird die relativ große Unabhängigkeit der Emotionen von der Realität bei Gefühlen zukünftigen Ereignissen gegenüber. Wir malen uns aus, wie etwas wohl werden wird, und dementsprechend sehen unsere Emotionen aus, obwohl wir keine Ahnung haben, was dann wirklich passieren wird. Von Anthony de Mello, einem großen Menschenkenner, stammt der treffende Ausspruch: „Neurotiker machen sich Sorgen um das, was gestern nicht passiert ist – und normale Menschen machen sich Sorgen um das, was morgen nicht passieren wird.“

Ich kann mich noch gut an eine Nacht erinnern, als ich an das nächste Zusammentreffen mit meiner Liebsten dachte. Unsere Beziehung war damals nicht so glücklich. Von Minute zu Minute fiel mir mehr ein, was dabei schief gehen kann und wahrscheinlich auch wird. Ich fühlte mich immer schlechter und bekam zunehmend mehr Angst, bis mir klar wurde, was ich da eigentlich mache – nämlich mir die Situation schlecht reden, sie immer negativer in meiner Fantasie darstellen. Dann sagte ich mir ganz bewusst, dass das nur eine Möglichkeit ist, wie dieses Treffen ablaufen kann, vielleicht wirklich die wahrscheinlichste, dass ihr Ausgang aber auf keinen Fall sicher ist. Und so stellte ich mir die andere Extrem-Möglichkeit vor, nämlich dass alles ganz optimal laufen wird, so schön, wie ich es mir nur wünschen kann. Ich fühlte mich immer besser und schlief schließlich froh und zuversichtlich wieder ein. Ein kleines Beispiel, wie man seine Emotionen selber steuern kann – übrigens ist es dann ziemlich genau so gekommen, wie ich es mir als optimal vorgestellt hatte.

Woher kommen nun aber unsere Emotionen, wenn sie zum großen Teil nicht von der realen Welt abhängen? Sie sind Botschaften unserer Seele, unseres Unbewussten, sind ein Teil von uns. Sie sagen uns etwas über uns selbst, wenn wir ihnen zuhören. Wenn wir uns unsere Emotionen bewusst machen, sie anschauen und auch hinterfragen, können sie für uns eine starke Verbindung zu unserem unbewussten Selbst sein. „Warum fühle ich das jetzt, warum ist dieses Gefühl so stark, welches Bedürfnis ist dahinter versteckt?“ Diese Fragen bringen uns schrittweise zu einem besseren Verstehen unserer Gefühle und letztlich auch von uns selbst.

Doch die meisten Männer stellen sich diese Fragen nicht. Im Gegenteil, sie möchten ihre Emotionen oft nicht wahrhaben, nicht spüren, verdrängen sie, weil sie ihrer Meinung nach fehl am Platz sind – wie sie es ja auch gelernt haben. Doch davon verschwinden die Emotionen nicht. Im Gegenteil, wenn ich Emotionen nicht beachte, verstärke ich sie damit meistens. Ich verlagere sie dann auf die sachliche Ebene und versuche sie dort auszutragen, was aber nahezu unmöglich ist.

Sowohl in der Partnerschaft als auch im Berufsleben, eigentlich in jeder zwischenmenschlichen Beziehung geht auf der sachlichen Ebene gar nichts, wenn die emotionale Ebene gestört ist. Dann nützt es nichts, die Probleme auf der sachlichen Ebene lösen zu wollen. Wir werden das beim Kapitel über das Streiten noch sehen: Wenn meine Partnerin mit mir einen Streit über irgendein Problem beginnt, dann ist es sehr leicht möglich, dass es überhaupt nichts bringt, wenn ich das Problem löse, weil sie sich einfach den nächsten Streitpunkt sucht. In Wirklichkeit geht es ihr um ein emotionales Problem, das sie aber nicht direkt anzusprechen vermag, weil es ihr vielleicht selbst noch gar nicht bewusst ist.

Leider ist es für viele Männer nicht leicht, Emotionen anzusprechen, über die eigenen Gefühle zu reden. Und wenn sie es dann doch tun, machen die meisten gleich die Partnerin für die Gefühle verantwortlich: „Du bringst mich noch zur Weißglut" oder „Du machst mich glücklich", so oder ähnlich sprechen wir fast immer über unsere Gefühle. Nun haben wir allerdings gerade vorher gesehen, dass unsere Gefühle hauptsächlich aus uns heraus entstehen, dass sie viel mehr von uns abhängen als von der realen Situation. Deshalb passt es nicht wirklich, den anderen dafür verantwortlich zu machen. Außerdem ist diese Aufdrängung der Verantwortung auch der Grund dafür, dass unsere Partnerin sich oft sehr schwer tut, unsere Emotionen auch anzunehmen, denn damit müsste sie ja auch gleich ihre „Schuld" daran anerkennen.

Ein viel besserer Weg, über Emotionen zu sprechen, sind die so genannten „Ich-Botschaften". In ihnen formuliert man ganz bewusst so, dass das Gefühl einem selber gehört und dass der andere zwar der Auslöser des Gefühls sein mag, aber keine Schuld daran trägt. Zu einem negativen Gefühl spricht man am besten auch noch einen Lösungsvorschlag an, der aber natürlich vom anderen freiwillig angenommen werden kann oder auch nicht.

Eine „Ich-Botschaft" besteht also aus dem Ausdruck meines Gefühls in der Ich-Form, dem Umstand, aus dem dieses Gefühl herkommt – ohne Bewertung dieses Umstandes! –, und eventuell noch einem Wunsch, wie die Situation verbessert werden könnte, verbunden mit der Frage um Zustimmung.

Ein Beispiel für eine komplette „Ich-Botschaft" wäre: „Ich fühle mich sehr verwirrt, wenn Du so in halben Sätzen sprichst und vieles nur andeutest. Könntest Du mir bitte genauer erklären, was Du meinst?" Gefühle, die auf diese Art und Weise kommuniziert werden, sind für das Gegenüber viel verständlicher und auch wesentlich leichter annehmbar. Am Anfang ist es zwar ziemlich ungewohnt, so über seine Emotionen zu sprechen, doch mit der Zeit wird es ganz selbstverständlich. Und nachdem wir das Sprechen über unsere Gefühle sowieso erst lernen müssen, wieso dann nicht gleich richtig?

Doch statt darüber zu reden, halten wir unsere Gefühle sehr oft verborgen. Viele Männer verheimlichen sie öfter, als sie zu zeigen. Und vielfach sind ihre Emotionen nicht nur heimlich, indem sie sie anderen nicht zeigen wollen, sondern auch, weil sie sie selbst nicht bewusst wahrnehmen. Aggressive Gefühle wie Wut, Zorn und Ärger leben noch relativ viele Männer aus, wenn auch nicht immer bewusst und meistens unkontrolliert und zerstörerisch. Passive Gefühle, Schmerz oder Trauer, Liebe oder Zärtlichkeit zu zeigen oder auszusprechen, damit tun sich noch viel mehr Männer schwer. So viele Männer bringen den Satz „ich liebe Dich" kaum über ihre Lippen, noch viel mehr können nicht weinen.

Damit nehmen wir Männer uns so viel, wir schneiden uns selbst ab von einem Teil unserer Seele. Sowohl die sanften, angenehmen, ruhigen Gefühle als auch die unangenehmen, schmerzhaften, traurigen Gefühle gehören zu uns, machen uns aus, machen uns ganz. Wir vermeiden sie, weil wir dabei schwach sind – und für viele von uns ist das immer noch gleichbedeutend mit unmännlich. Doch der wahre Wilde Mann ist so stark, dass er auch schwach sein kann! Er lässt auch diese Seite in sich zu und lebt sie bewusst. Ein Freund von mir hat am Ende einer Männerwoche gesagt: „Das Schönste überhaupt war, dass ich wieder weinen gelernt habe!"

Gefühle sind Spiegel und Zugang zu unserer Seele – für uns selbst und für unsere Partnerin. Und da die meisten Frauen nicht bloß auf der geistigen und der körperlichen Ebene mit ihrem Partner in Verbindung treten wollen, wünschen sie sich, dass er seine Emotionen zeigen und auch aussprechen kann.

Wie ist das bei Dir? Kannst Du mit Deiner Partnerin über Gefühle sprechen? Oder mit einem Freund? Spürst Du Deine Emotionen überhaupt? Kannst Du mit ihnen umgehen oder passieren sie einfach? Versuch einmal, Dich über Deine Gefühle besser kennen zu lernen: Nimm Dir etwas Zeit und denke darüber nach, welche Emotionen Du von Dir kennst, am besten schreib sie auf. In einem zweiten Schritt denke konkret an Erlebnisse aus Deiner Partnerschaft und spüre nach, welche Gefühle Du dabei hattest. Wähle schöne und schwierige Ereignisse, solche mit sanften, leidenschaftlichen oder auch aggressiven Gefühlen, Erfahrungen, die für Dich angenehm, und solche, die für Dich unangenehm waren. Schreibe auch das Gefühl auf, das Du dabei hattest (oft sind es auch mehrere Gefühle). Am Ende schau Dir Deine Liste an und gruppiere in angenehme und unangenehme, weiche und harte, sanfte und wilde Gefühle.

Betrachte diese Landkarte Deiner Seele genau, stelle fest, wo es einen Überhang gibt, wo Du etwas verändern möchtest, wo vielleicht ein Gefühl fehlt, das Du aber auch spüren möchtest. Beginne Dich selbst zu beobachten, in Dich hineinzuhören, auf Deine Gefühle aufmerksam zu werden, ihnen den Platz und Raum zu geben, der ihnen zusteht. Werde empfindsam und achtsam. Sprich mit Deiner Partnerin über Deine Gefühle, über das, was Dich bewegt, und höre auch ihr zu, wenn sie Dich an ihren Gefühlen teilhaben lässt. Schau ihr in ihre Seele und lass auch sie in die Deine blicken.

## 10. Auf der Suche nach dem inneren Gral

Ab 1200 war die Sage von der Suche nach dem heiligen Gral für über 150 Jahre die meist verbreitete Geschichte Europas, geschildert von allen Geschichtenerzählern landauf, landab. Deswegen gibt es auch so viele verschiedene Versionen von dieser Sage, die deutsche über Parzival von Wolfram von Eschenbach, die englische, die sich stärker rund um König Artus und die Tafelrunde dreht, die französische von Chrétien de Troyes und noch andere mehr. Sie alle beinhalten im Grunde dasselbe: die spirituelle Reise des Helden vom jungen Mann zum Wilden Mann.

Der heilige Gral ist der Sage nach der Kelch, aus dem Jesus beim letzten Abendmahl getrunken hat und in dem bei seiner Kreuzigung sein Blut aufgefangen wurde, als ihn die Soldaten in die Seite stachen. Er ist ein Symbol für das Göttliche, für die Spiritualität. Die Suche nach dem Gral symbolisiert die Sehnsucht nach Gott, nach dem Unendlichen, nach dem Ursprung des Lebens – wie immer man es auch nennen will. Die Geschichte (in stark verkürzter Form und auf die für unser Thema wichtigen Aspekte fokussiert):

*Parzival, der junge Held, lebt anfangs allein bei seiner Mutter, sein Vater wurde vor seiner Geburt im Krieg getötet. Er ist königlicher Abstammung, von der er aber nichts weiß – ein Bild, das in sehr vielen Geschichten vorkommt und aufzeigt, dass wir alle das Potenzial, das in uns steckt, erst entdecken müssen. Als er heranwächst, spürt er, dass er ausziehen muss, auf eine Reise gehen muss – er muss sich von seiner Mutter lösen. Er begibt sich auf seinen Weg. Auf dieser Reise begegnet er dem Männlichen in vielen verschiedenen Formen. Die ersten Ritter, die er trifft, faszinie-*

*ren ihn völlig, schließlich sind sie die ersten Männer, die er in seinem Leben sieht. Doch den nächsten Ritter, dem er begegnet, den roten Ritter, fordert er für König Artus zum Kampf, tötet ihn sofort und zieht seine Rüstung an – er bemächtigt sich seiner männlichen Energie. Er besiegt danach noch viele Ritter und schickt diese heim zu König Artus – er muss seiner Vaterfigur zeigen, dass er ein Mann ist. Er fügt Leid zu und wird auch selbst verletzt. Er trifft Männer, die ihm Lehrmeister und Mentor werden, einer davon schärft ihm ein, dass es nicht des Ritters Art ist, Fragen zu stellen – Männer sind schweigsam.*

*Parzival trifft auch auf das Weibliche in vielerlei Gestalt. Die erste Begegnung mit einer Frau bleibt noch völlig an der Oberfläche, er erfährt nicht einmal ihren Namen, weil er noch gar nicht weiß, wie er Beziehung herstellen und leben soll. Danach verliebt er sich in eine Frau, die Beziehung bleibt jedoch rein platonisch. Schließlich befreit er eine wunderschöne junge Königin von der Belagerung ihrer Burg und heiratet sie. Doch er kann nicht bei ihr bleiben, es drängt ihn fort – er kann noch immer keine Beziehung leben, er hat seinen Weg noch nicht gefunden.*

*Parzival bricht wieder auf und gelangt nach kurzer Reise das erste Mal zur Gralsburg. Dort lebt der an seinen Hoden – also an seiner Männlichkeit – verwundete Fischerkönig. Parzival begegnet in der Burg in einer wundersamen Zeremonie dem heiligen Gral. Er nimmt an dem herrlichen Festmahl teil, das durch das Wunder des Grals hervorgebracht wird, und ist ganz entrückt ob der wundersamen Vorkommnisse, doch eingedenk seines Lehrmeisters stellt er keine einzige Frage. Am nächsten Morgen findet er die Burg öde, einsam und leer vor. Er wundert sich zwar, verlässt aber, immer noch tief beeindruckt, die Burg. Nachdem sich die Zugbrücke hinter ihm wieder schließt, ruft ihm ein Knappe nach, was für ein ehrenloser Ritter er wohl sei, der nicht imstande sei, eine einzige Frage zu stellen und damit den Fischerkönig zu retten.*

*Parzival kehrt zu König Artus zurück, doch holt ihn die Schande ein, in der Gralsburg versagt zu haben und nicht seiner Be-*

*stimmung gefolgt zu sein, nämlich die entscheidende Frage zu stellen, den Fischerkönig damit zu heilen und selbst zum neuen Gralskönig zu werden. Parzival verlässt daraufhin König Artus und zieht durch die Lande auf der Suche nach der Gralsburg, um seine Bestimmung doch noch zu erfüllen. Doch die Gralsburg lässt sich nicht durch Zielstrebigkeit finden, sondern nur indem man unbewusst und ohne Absicht zu ihr gelangt – indem man in die Tiefe geht.*

*Wieder lehren Parzival auf seinem Weg Zusammentreffen mit Männern und Frauen etwas über ihn selbst. Er begegnet dem Leid, das er zugefügt hat, in der Gestalt einer Frau, die um den roten Ritter trauert, und einer anderen Frau, die ihn aller Verfehlungen seines ganzen Lebens anklagt. Er begegnet seinem Schatten, seiner dunklen Seite, dem, was er nicht wahrhaben will und wofür er sich schämt, in der Gestalt des schwarzen Ritters, Bruder des roten Ritters. Doch der schwarze Ritter vergibt ihm, dass er seinen Bruder getötet hat, und Parzival schließt Freundschaft mit ihm – er freundet sich mit seinen Schattenseiten an. Danach geht er beichten – er heilt seine inneren Wunden und Verletzungen, denn all das, was wir anderen zufügen, verletzt auch uns selbst.*

*Schließlich findet er die Gralsburg wieder, begegnet erneut dem heiligen Gral, kann diesmal die richtige Frage stellen und damit den verwundeten König und das verödete Königreich heilen. Die Antwort, die er auf die Frage „Wem dient der Gral?“ erhält, heißt „Alles dient dem Gral“, in anderen Worten, alles dient dazu, zu Gott zu finden – der Sinn der Suche ist, zu sich selbst zu gelangen. Parzival lässt dann seine Frau und seine Söhne – Zwillinge, die diese nach seiner Abreise ohne sein Wissen bekommen hat – auf die Gralsburg nachkommen. Nun ist er wirklich bereit, tiefe und echte Beziehung zu leben. Sie bleiben dort und sind glücklich bis an ihr Ende.*

Was können wir aus dieser Sage lernen? Was sagt sie uns für unseren Zugang zum Wilden Mann? Wie in jedem Märchen oder in jeder Sage ist der Weg des Helden viel mehr ein innerer Weg als ein äußerer, ist vieles nach außen projiziert, was normalerweise im Inneren stattfindet.

Der Held dieser Geschichte ist auf der Suche nach sich selbst, nach dem heiligen Gral, dem Sinn seines Lebens, nach seiner Bestimmung. Er zieht von daheim aus, verlässt die Mutter, vollzieht die Trennung von ihr. Er spürt die männliche Kraft in sich aufsteigen, kämpft darum und kann sie sich aneignen, sie spüren, sie ausleben. Er muss aber auch seiner Vaterfigur beweisen, dass er ein Mann geworden ist. Seine Beziehungen zu Frauen sind anfangs sehr oberflächlich und nehmen dann zwar an Tiefe zu, werden aber nicht wirklich erfüllend. Er heiratet die Frau, die er liebt, doch sich ihr wirklich öffnen, bei ihr bleiben, sprich ihre Nähe aushalten, kann er nicht – er muss erst weiter seinen Weg gehen.

Er liebt, leidet und fügt Leid zu. Anfangs achtet er kaum darauf, unterdrückt es, redet nicht darüber und stellt vor allem keine Fragen. Doch gerade das bringt ihn zum dunkelsten Punkt seines Weges, zur Schmach, in der Gralsburg, am Ort seiner Bestimmung, versagt zu haben. Was eigentlich seine Bestimmung ist, das kann er in der ersten Begegnung nicht fassen und schon gar nicht halten. Erst danach erkennt er, dass das sein Lebenssinn gewesen wäre, und so begibt er sich auf die bewusste Suche danach. Er wird dabei mit seinem Leid und dem, das er zugefügt hat, konfrontiert. Doch diesmal unterdrückt er es nicht, sondern nimmt es als zu sich gehörig an. Er lernt, auf seine Emotionen zu achten und Gefühle zuzulassen. Dermaßen gereift, kommt er erneut in die Gralsburg, findet den heiligen Gral wieder und kann diesmal sein Schweigen brechen. Er hat seine Bestimmung gefunden und wird damit ganz. Er wird ein Wilder Mann. Erst jetzt ist er fähig, die Beziehung zu der Frau, die er liebt, auch wirklich zu leben.

Einem großen Teil dieses Weges hast Du mit diesem

Buch bereits nachgespürt, hast überlegt, wo Du ihn in Deinem Werdegang schon erlebt hast, was noch fehlt und was Du ändern möchtest. Du hast Deine Mutterbeziehung reflektiert, hast die Trennung noch einmal nachempfunden oder Dir vielleicht auch das erste Mal wirklich bewusst gemacht. Du hast Deine Beziehung zu Deinem Vater und Deine Mannwerdung betrachtet, hast überlegt, womit Du Deinem Vater bewiesen hast oder beweisen wolltest, dass Du den Status „Mann“ verdienst. Den Sinn und die Botschaften der verschiedenen Schmerzen, die Du in Deinem Leben erlebt oder zugefügt hast, hast Du ebenfalls in Dein Bewusstsein geholt und so ihren Schatz gehoben. Und Du hast Dich mit Deinen Emotionen beschäftigt, hast erkannt, dass Mann auch hier sein Schweigen brechen muss. Was noch fehlt, ist die Suche und Frage nach Deinem heiligen Gral, nach Deinem Lebenssinn, nach Deiner Bestimmung.

Hast Du schon einmal darüber nachgedacht, wofür Du lebst? Was möchtest Du erreichen, was soll von Dir bleiben, wenn Du dieses Leben beendest? Ich bin fest davon überzeugt, dass jeder Mensch einzigartig ist. Und dass jeder Mensch mit ganz bestimmten Talenten in dieses Leben tritt. Dass es etwas gibt, was nur er auf seine Weise tun kann, ein winzig kleines Stückchen im großen Mosaik des Universums, das leer bleibt, wenn dieser Mensch seine Aufgabe nicht wahrnimmt.

Was ist Deine Lebensaufgabe, was ist Dein innerer Gral, wonach suchst Du, wonach strebst Du? Wofür stehst Du jeden Tag in der Früh auf? Wenn Du Dir diese Fragen noch nie gestellt hast und sie Dir fremd sind, geh es vielleicht von der anderen Seite her an:

Nimm Dir Zeit an einem ruhigen Ort und zieh Dich mit Papier und Stift zurück. Werde ruhig, konzentriere Dich auf Dich selbst und lass alles andere, was Dich beschäftigen will, los. Dann geh in die Zukunft, weit voraus, hin zu dem Tag, der der letzte in diesem Leben für Dich sein wird. Stell Dir vor, dass Du auf Dein ganzes Leben zurückblickst. Worauf bist Du stolz? Was freut Dich, was Du getan oder erreicht hast? Denke weniger an Materielles, das ist nicht so wichtig. Schau auf das, was Du für andere Menschen getan hast, wo Du anderen geholfen hast. Denke über das nach, was Dich reifer und weiser werden hat lassen, woran Du gewachsen bist. Was war das Besondere in Deinem Leben? Was hinterlässt Du der Menschheit? Suche nicht nur große, auffällige Dinge! Nur wenigen Menschen ist es gegeben, so viel zu bewegen. Schau auf die besonderen Momente, auf das, was Dein Leben einzigartig gemacht hat. Nimm Dir dann Zeit und notiere, was Du gesehen hast.

Deine Talente und Deinen Lebenssinn kannst Du auch über Deine Sehnsüchte finden. Wo zieht es Dich hin, was möchtest Du gerne tun, was sind Deine Herzenswünsche? Wo möchtest Du in fünf Jahren sein, wo in zehn? Schau auch hier wieder primär nicht auf Materielles. Schreib Deine Wünsche und Träume auf, überlege, was dahinter steckt. Oft ist hinter einem Wunsch, dies oder jenes zu erreichen oder zu tun, die Sehnsucht versteckt, ein brach liegendes Talent ausleben zu können. Welche Teile von Dir wollen noch gelebt werden? Was fehlt zu Deiner Ganzwerdung?

Wie gesagt, das kann etwas Kleines, nicht besonders Auffälliges sein. Wenn es das ist, was Dein Herz erfreut, dann wird es auch das Herz der anderen bereichern. Ein Freund von mir hat seine Gabe darin gefunden, andere zum Lachen zu bringen – nicht als Kabarettist, sondern im kleinen Kreis macht er die Menschen rund um sich froh. Ein anderer kann besonders gut mit kleinen Kindern umgehen und ist hier vielen anderen Männern ein positives Beispiel.

In jedem Lebensabschnitt sind wohl andere Dinge wichtig. Vielleicht hilft es Dir, Dein bisheriges Leben danach zu betrachten und dann auf die Zukunft zu schauen. Sei auch nicht verzagt, wenn Du nicht sogleich etwas findest, aber entzieh Dich der Aufgabe nicht, denn erst, wenn Du weißt, wofür Du (im Moment genauso wie im großen Ganzen) lebst, kennst Du Dich selbst. Spüre dem auch in Zukunft immer wieder nach, manchmal verändert es sich. Bleibe in Kontakt mit Dir selbst!

## 11. Sei, der Du bist

Die vorangegangenen Kapitel, alle Gedanken und Beispiele darin, all die Fragen und Meditationen haben nur einem Ziel gedient: Dich Dir selbst näher zu bringen und so zu stärken. Am Ende meiner Interviews hatten die Frauen immer die Möglichkeit, den Männern noch etwas zu sagen. Mit Abstand am häufigsten bekam ich Folgendes zu hören: „Die Männer müssen mit sich selbst ins Reine kommen. Sie müssen mehr Halt und innere Stärke finden, damit sie neben starken Frauen bestehen. Sie müssen sich auf den Weg zu sich selbst machen!"

Je mehr Du über Dich weißt, je besser Du Dich und Deine Handlungen und Reaktionen verstehst, umso verwurzelter, geerdeter bist Du. Je tiefer Deine Wurzeln sind, je mehr Du Dich vertieft hast, umso besser ist Dein Stand. Denk einmal kurz nach, welche Männer Dir wirklich imponieren. Lass mich raten: Es sind nicht die, die sich nach dem Wind drehen, die ihren Standpunkt nicht vertreten können, die schnell umfallen. Wirklich anziehend sind Männer, die zu sich stehen, die auf dem Weg bleiben – auch dann, wenn er gerade schwer ist. Die nicht beim ersten Windstoß umfallen, sondern dem Sturm trotzen. Die ihre Narben und Risse kennen und schätzen gelernt haben. Männer, die ihre Gefühle spüren und artikulieren können. Die Fehler zugeben können und über ihre Schwächen Bescheid wissen. Die sagen, was sie meinen, und tun, was ihr Herz ihnen sagt. Wilde Männer eben.

Sei nicht verzagt, wenn Du noch nicht soweit bist. Ein Wilder Mann zu werden, ist eine Lebensaufgabe, eine Aufgabe, für deren Erfüllung man das ganze Leben Zeit hat, weil man damit nie wirklich fertig ist. Und auch die Männer, bei denen Du Dir denkst „das ist wirklich ein

Wilder Mann", haben sicher Lebensbereiche, in denen sie noch nicht vollständig als Wilder Mann leben können. Ich merke bei mir selbst die Unterschiede, je nachdem auf welchem Gebiet ich mich bewege. Bei den meisten gelingt es mir mittlerweile recht gut, ein Wilder Mann zu sein, bei anderen nur selten. Ich bin, wie wir alle, unterwegs und werde besser und besser.

Die wichtigste Grundbedingung auf dem Weg zum Wilden Mann ist: Lerne Dich selber immer besser kennen. Die zweite: Sei, der Du bist. Das bedeutet, authentisch zu leben, im Einklang mit den eigenen Wünschen und Vorstellungen, in Übereinstimmung mit Deinem Weltbild und dem, was Dir wichtig ist. Es heißt, Prioritäten zu setzen und danach zu handeln, zu dem zu stehen, was Du als gut und richtig erkannt hast, auch dann, wenn es Dir den Weg nicht leichter, sondern schwerer macht. Es bedeutet, bewusst zu leben, aus der Vergangenheit zu schöpfen und auf die Zukunft hin zu gehen. Oft heißt „authentisch sein" auch, zwischen zwei Alternativen diejenige auszuwählen, die für Dich die richtige ist, obwohl beide schlimm oder unangenehm sind. Und manchmal bedeutet es, die unangenehme Alternative zu wählen, statt der möglichen angenehmen, weil sie allein wirklich zu Dir passt.

„Sei, der Du bist" heißt auch, den Mut zu haben, zu seinen Ecken und Kanten zu stehen, auch einmal gegen den Strom zu schwimmen, Unangenehmes zu sagen oder zu tun. Erst durch Deine Ecken und Kanten wirst Du angreifbar – in beiderlei Sinn des Wortes – und be-greifbar. Die vielen kleinen Dellen, Beulen, Risse und Einschlüsse in Deiner Kontur, sie machen Dich einzigartig – abgelutscht, rund und stromlinienförmig ist höchstens bei Autos interessant. Frauen wollen einen Mann, bei dem sie wissen, woran sie sind, bei dem sie nicht abrutschen, weil er so aalglatt ist, sondern der Ecken und Kanten hat, an denen sie sich anhalten können – auch wenn sie sich manchmal daran stoßen.

Ich kenne einige Männer, die versucht haben, eine Beziehung dadurch zu retten, dass sie sich selbst immer mehr zurückgenommen haben, dass sie immer kleiner geworden sind. Sie haben das erduldet und jenes akzeptiert, immer mehr auf sich genommen und versucht, ja nicht anzuecken. Dabei haben sie sich immer mehr von sich selbst entfernt, sind immer unglücklicher geworden – und letztlich für die Partnerin uninteressant. Kein Einziger von ihnen hat dadurch, dass er sich klein gemacht hat, die Beziehung retten können! Es reicht auch nicht, nur zum Wunscherfüller zu werden und die eigenen Bedürfnisse zu vergessen. Auch dadurch wirst Du – wenn auch vielleicht erst nach einiger Zeit – als Partner uninteressant, weil Du wie ein Automat funktionierst.

Frauen wünschen sich einen starken Partner, der weiß und auch sagt, was er will. Der bereit ist, Konflikte zu lösen, um Konsens zu ringen, einen guten Kompromiss zu finden. Einen Partner, der ihnen Sicherheit und Rückhalt gibt, bei dem sie sich anlehnen und anhalten können. Der aber auch Schwäche zeigen kann und dann bei ihnen Halt sucht. Der Sich-klein-Macher und der Wunscherfüller sind hier auf verlorenem Posten. Ihr Gegenteil, also ein Mann, der sich aufbläst und über seine Partnerin stellt, der sie erniedrigen muss, damit er selbst bestehen kann, fällt ebenso durch den Rost. Frauen wollen einen adäquaten, ganzheitlichen, gleichwertigen und gleichberechtigten Partner!

Denk darüber nach: Was meinst Du erfüllen zu müssen, damit Du selbst glauben kannst, dass Du eine Frau glücklich machen wirst? Welche gesellschaftlichen Normen musst Du dafür einhalten? Was musst Du erreicht haben, bis Du mit Deiner Partnerin glücklich leben kannst? Welche Statussymbole brauchst Du dafür? Musst

Du ein Haus und ein schönes Auto besitzen, um eine Frau glücklich machen zu können? Musst Du jeden Sonntag in die Kirche gehen? Musst Du eine leitende Funktion in Deinem Betrieb haben? Was siehst Du sonst als Vorbedingung? Schreib alles auf, was Dir einfällt!

Nun geh Deine Liste noch einmal durch und streiche all das, was Du nicht für Dich selbst tun würdest! Sei, der Du bist – dann hast Du alle Vorbedingungen erfüllt.

# Die Wolfsfrau

Ziele nach dem Mond –
selbst wenn Du ihn verfehlst,
triffst Du die Sterne.

(unbekannt)

## 12. Starke Frauen braucht das Land

Der Wilde Mann sucht als Gefährtin weder einen Mutterersatz noch eine „Putzfrau" und auch kein Vorzeigeobjekt. Er braucht keine Frau, damit sie nur für ihn da ist, für Nähe und Gefühle zuständig ist und ihm das Nest warm hält. Er braucht auch keine Frau, damit der Haushalt gut versorgt ist, alles in Ordnung und sauber gehalten wird und das Essen pünktlich auf dem Tisch steht. Und er braucht keine Frau, damit sie ihn aufwertet, mit ihrer Schönheit die anderen auf ihn neidisch macht, ein Statussymbol an seinem Arm ist. Der Wilde Mann sucht eine ebenbürtige Gefährtin, er sucht sein weibliches Pendant – die Wolfsfrau.

Die Wolfsfrau ist wild, abenteuerlustig, selbstbewusst, mutig, leidenschaftlich – und sie ist sanft, zärtlich, Raum gebend, behutsam, liebevoll. Sie ist ungezähmt, mit sich selbst und ihren Ursprüngen verbunden. Sie lebt sinnlich und geistvoll, tief verwurzelt und luftig zugleich. Sie integriert alle Seiten ihres Lebens, sie schenkt dem Atem, was in ihr steckt. Sie weiß, was sie will und wo sie hin will. Sie steht zu sich selbst, auch wenn sie damit aneckt. Gleichzeitig ist sie achtsam und agiert mit Ehrfurcht und Respekt vor den anderen. Sie ist, was sie ist – und das ist sie ganz.

Die Wolfsfrau ist das Gegenstück zum Wilden Mann. So ist ihre Beschreibung leicht aus der Beschreibung des Wilden Mannes herauszulesen (weswegen ich sie hier auch nicht unnötig ausbreiten will), doch der Weg einer Frau zur Wolfsfrau verläuft naturgemäß ein wenig anders. Wir Männer haben aus unserer Erziehung heraus eher die starken, nach außen gerichteten Seiten unseres Selbst betont.

Wir müssen auf dem Weg zum Wilden Mann (unter anderem) lernen, auch die schwachen Seiten auszuleben – uns unseren Schmerzen zu stellen, Emotionen zu zeigen, über Gefühle zu sprechen. Und wir müssen lernen, die starken Seiten auch wirklich und richtig zu leben – niemanden klein zu machen, damit wir groß sind, sondern aus innerer Stärke wachsen zum Beispiel. Bei den meisten Frauen verlaufen diese beiden Strecken des Weges genau umgekehrt. Sie haben in ihrer Kindheit und Jugend gelernt, die (so genannten) schwachen Seiten auszuleben, Raum zu geben, Gefühle wahrzunehmen und anzusprechen, andere zu unterstützen usw. Es ist an ihnen, die starken Seiten zu fördern. Sie müssen lernen zu agieren, auch nach außen aktiv zu werden, für sich selbst einzutreten. Und sie müssen lernen, die schwachen Seiten fruchtbringend für alle zu leben, zum Beispiel Raum zu geben, ohne sich selbst dabei einzusperren.

Viele Frauen sind in den letzten Jahren aufgebrochen, haben sich auf den Weg zur Wolfsfrau gemacht. Einige davon haben sich wohl verirrt und versuchen nicht, ganz sie selbst zu sein, sondern die besseren Männer. Das ist natürlich genauso ein Irrweg, wie es die Softies bei den Männern waren. Doch ich sehe viele Frauen, die schon sehr weit sind, die in vielerlei Hinsicht Wolfsfrauen sind – natürlich ist der Weg dorthin auch für Frauen eine Lebensaufgabe. Aber, ehrlich gesagt, ich sehe mehr Wolfsfrauen als Wilde Männer. Viele Männer haben die Zeichen der Zeit lange nicht erkannt, haben die Weiterentwicklung der Frauen ignoriert oder spöttisch belächelt, anstatt mit ihnen Schritt zu halten. Doch dabei sind sie natürlich zurückgeblieben, was zu großen Problemen in Beziehungen führt.

Die Verunsicherung der Männer, von der ich schon in der Einleitung gesprochen habe, kommt eben nicht nur durch das Wegfallen der Rollenbilder und vorgegebenen

Lebensmuster zustande, sondern auch durch die immer stärker werdenden Frauen, von denen sich mehr und mehr Männer irritiert fühlen. Eine Studie in Frankreich hat letztes Jahr ergeben, dass über 60% der jungen Männer sich von den neuen, starken Frauen bedroht fühlen! Das ehrliche Ergebnis einer vergleichbaren Studie bei uns sähe wohl auch nicht viel anders aus. In Artikeln, Filmen und Liedern werden beinhart die Schwachstellen des angeblich so starken Geschlechts Mann aufgezeigt und die Vorteile der Frauen gepriesen. Auch wenn das oft in nicht gerade förderlicher Art und Weise für das Zusammenleben der Geschlechter geschieht, so zeigt es doch, dass wir Männer den Weg zur eigenen, echten Stärke gehen müssen, um mit den starken Frauen Schritt zu halten.

Wir brauchen uns vor einer Wolfsfrau nicht zu fürchten. Es würde auch weder uns noch sie weiterbringen, wenn wir ihre Stärke einzudämmen versuchen, wenn wir sie einsperren, klein halten, entmutigen, damit sie uns nicht über den Kopf wächst. Der richtige Weg ist nicht, ihr Stärke zu nehmen, sondern selbst Stärke zu erlangen. Eine echte Wolfsfrau geht mit ihrem Partner so um, wie es ihrem Wesen entspricht. Sie unterdrückt ihn nicht, sie verletzt ihn nicht mutwillig, sie nutzt ihn nicht aus und lässt ihn dann fallen. All diese männlichen – nie laut ausgesprochenen – Ängste sind verständlich, aber bei einer echten Wolfsfrau unbegründet. Eine Wolfsfrau behandelt den Mann an ihrer Seite so, wie sie selbst behandelt werden möchte – sie geht achtsam, liebevoll und respektvoll mit ihm um.

Wie jeder Mann das Potenzial zum Wilden Mann in sich trägt, so hat auch jede Frau die Anlagen zur Wolfsfrau. Und wie es für Dich eine Lebensaufgabe ist, ein Wilder Mann zu sein, so ist es für Deine Partnerin ein lebenslanger Weg, Wolfsfrau zu sein. Sei also nachsichtig, falls Deine Frau noch nicht so wild ist, wie Du es gerne hättest.

Unterstütze sie dort, wo sie es wünscht. Begleitet einander auf Eurem Weg zur Wolfsfrau und zum Wilden Mann.

Natürlich ist das Leben mit einer Wolfsfrau nicht immer einfach, sie braucht ihre Freiheit und nimmt sie sich auch, sie ist anspruchsvoll und fordernd. Doch es würde mich wundern, wenn Du dieses Buch immer noch liest und trotzdem eine einfache, anspruchslose Beziehung dem Leben mit einer Wolfsfrau vorziehst. Die Wolfsfrau und der Wilde Mann sind kongeniale Partner, sind einander ebenbürtig, bereichern und beflügeln einander. Eine Wolfsfrau als Gefährtin, eine Partnerin an Deiner Seite, die zu sich und zu Dir steht, die weiß, was sie will, und sich selbst spürt, die stark und selbstbewusst agiert, aber sich auch fallenlassen kann, eine Frau, die Dich fordert und fördert, ist ein unschätzbares Geschenk für den Wilden Mann in Dir.

Allerdings kann Einiges Deine Fähigkeit, eine Wolfsfrau als solche zu erkennen und zu akzeptieren, behindern. Dem wollen wir uns in den restlichen Kapiteln dieses Abschnitts widmen.

## 13. Die Jagd nach der goldenen Göttin

In Märchen und Mythen taucht immer wieder der Begriff der goldenen Frau bzw. der goldenen Göttin auf. Sie blendet alle Männer, jeder fühlt sich zu ihr hingezogen, jeder Mann möchte an ihrer Seite sein. Doch natürlich verblendet sie die Männer auch, nimmt ihnen ihre klare Sicht, lässt durch ihre wunderschöne Hülle kaum einen Blick in ihr Herz zu. Das ändert aber nichts daran, dass ihr viele Männer verfallen und nach dem (unweigerlichen) Verschwinden der Angebeteten ihr ganzes restliches Leben auf der Suche nach der goldenen Göttin sind. So sind sie der Frauenwelt für immer verloren.

Solche uralten Bilder haben immer einen starken Bezug zum wirklichen Leben, sie sind aus dem intuitiven Verständnis von Abläufen in der menschlichen Psyche entstanden. So ist es auch hier. Auch in Dir gibt es dieses Bild der goldenen Göttin und auch Du bist auf der Jagd nach ihr, zumindest ein bisschen. Möglicherweise bist Du ihr mehr verfallen, als Dir selbst klar ist. Vielleicht bist Du sogar bewusst oder unbewusst der Frauenwelt verloren gegangen, weil keine reale Frau Deinem Idealbild von der goldenen Göttin standhalten kann.

Wie sieht Deine Traumfrau aus? Was ist Dein Bild der Idealpartnerin? Nimm Dir die Zeit und die Muße, darüber nachzudenken und Deine Erkenntnisse aufzuschreiben. Denke dabei ausdrücklich an Deine Traumfrau und nicht an eine konkrete derzeitige oder frühere Partnerin! Wenn es Dir hilft, geh systematisch dabei vor. Bleibe zuerst beim Körperlichen: Wie sieht sie aus? Wie groß ist sie, welche Statur hat sie? Welche Haarfarbe und Frisur? Wie sieht ihr Mund aus, welche Farbe haben ihre Augen? Wie riecht sie, fühlt sich ihre Haut an, schmeckt ihr Kuss? Stell sie Dir so lebhaft vor wie möglich und schreibe alles auf. Geh tief in das Bild hinein, selbst wenn Dir die Details im Moment unnötig vorkommen sollten.

Schau dann weiter zum Geistigen: Was für Anschauungen hat sie, welche Schulbildung hat sie, was liest sie? Wie sieht ihre politische Ausrichtung aus, worüber spricht sie gerne, welches Weltbild hat sie? Woher holt sie sich ihre Informationen, was interessiert sie, womit beschäftigt sie sich? Was hat sie für Hobbys, wofür engagiert sie sich, was begeistert sie? Fühle Dich ganz in Deine Traumfrau ein und notiere alles, was Dir einfällt.

Gehe über zum Seelischen, Spirituellen: Woran glaubt sie, wofür lebt sie, woher nimmt sie ihre Kraft? Wie tiefgängig ist sie, was hält sie von Mystik, Esoterik, Religion, wie weit ist sie sich ihrer selbst bewusst? Was bereitet ihr Freude, was tut sie gerne, was bringt ihr Herz zum Lachen? Was ist Balsam für ihre Seele, wie entspannt sie sich, wobei kann sie gut abschalten? Schreibe alles auf, was Du spürst und wahrnimmst.

Letztlich schau Dir den partnerschaftlichen Bereich an: Wie lebt Deine Traumfrau Beziehung, was erwartet sie von Dir, was gibt sie Dir? Wie steht sie zu Sex, Zärtlichkeiten, zum Kuscheln? Wie lebt sie mit Dir, habt Ihr Kinder, seid Ihr verheiratet? Was ist ihr wichtig, wie steht sie zu dem, was Dir wichtig ist, wie geht sie mit unterschiedlichen Vorstellungen und Differenzen um? Welche Arbeiten für Euren Haushalt übernimmt sie, welche will sie von Dir erledigt haben, was macht Ihr gemeinsam? Was ist das Besondere an Eurer Beziehung? Was zeichnet Deine Traumfrau aus? Vermerke alles, was Dir einfällt, auf Deiner Liste.

Du hast nun ein mehr oder weniger präzises Bild von Deiner goldenen Göttin vor Dir. Falls Dir das alles jedoch seltsam vorgekommen ist und Du bei den diversen Fragen immer wieder gedacht hast, „das ist doch nicht so wichtig", dann bist Du auf einem sehr guten Weg, nicht von Deiner goldenen Göttin verblendet zu sein – warum, das wirst Du gleich sehen.

Nimm Deine Liste und geh sie Punkt für Punkt durch. Überlege bei jeder Einzelheit, die Du notiert hast, wie wichtig sie wirklich ist. Am besten vergibst Du Prioritäten von 1 (unbedingt notwendig) über 3 (wäre schön) bis 5 (unwichtig). Sei dabei rigoros und prüfe alles genau auf seinen echten Stellenwert im realen Leben! Wie wichtig ist es wirklich, welche Haarfarbe Deine Partnerin hat? Welches Verhalten wünschst Du bei Deiner Traumfrau, möchtest es aber in der Realität gar nicht? Und was möchtest Du auf keinen Fall missen?

Streiche nun alles, was nicht Priorität 1 oder 2 hat. Ohne Schummeln! Was Du jetzt streichst, darf ja trotzdem da sein, es ist nur nicht mehr Bedingung. Du kannst auch ohne das eine gute Beziehung leben, oder? Im nächsten Schritt schau Dir die verbliebenen Punkte noch einmal an und spüre bei jedem nach, ob Du ihn wirklich zum Glücklichsein brauchst. Denke auch darüber nach, ob Dein Bedürfnis, das hinter diesem Punkt steckt, wirklich von Deiner Partnerin erfüllt werden muss oder ob auch jemand anderer das Bedürfnis stillen kann. Wenn Du zum Beispiel gern ins Kino gehst, musst Du das ja nicht unbedingt mit Deiner Partnerin tun. Schreib eine neue Liste und ordne dort die übrig gebliebenen Eigenschaften nach ihrer Wichtigkeit. Wenn Dir einfällt, dass Du etwas sehr Wichtiges vergessen hast (zum Beispiel, dass sie Dich liebt), dann schreib es jetzt an seinen Platz in der Liste, denke jedoch darüber nach, wieso es Dir vorher nicht eingefallen ist. Wenn Du fertig bist, schau Dir das letzte Viertel der Liste an und überlege noch einmal genau, was Du davon wirklich in Deiner Beziehung brauchst; alles andere streichst Du von Deiner Liste.

Diese Arbeit mag Dir vielleicht übertrieben oder akribisch vorgekommen sein (obwohl die meisten Männer gern systematisch vorgehen), doch sie hat ihren Wert. Vergleiche die erste Liste, in der Du alle Eigenschaften Deiner goldenen Göttin notiert hast, mit der letzten Liste von verbliebenen Eigenschaften, die Du Dir wirklich von Deiner Partnerin wünschst. Die Länge Deiner ersten, vor allem aber Deiner zweiten Liste zeigt, wie sehr Du auf der Jagd nach der goldenen Göttin bist. Vielleicht ist Dir das beim Erstellen der Listen schon selbst klar geworden, vielleicht hat Dir das die Augen geöffnet und Du siehst nun, dass Du unnötig einem Idealbild nachgejagt bist (das kann sowohl dann so sein, wenn Du auf der Suche nach einer Partnerin bist, als auch, wenn Du mit einer zusammen bist, mit der Du nicht zufrieden bist). Ich hoffe für Dich und die Frauen, die Dir begegnen, dass die letzte Liste nicht mehr sehr lang ist. Wenn Du dem Bild von Deiner Traumfrau nicht völlig verfallen bist, so sollte die letzte Liste nur mehr die wirklich wesentlichen Punkte beinhalten. Dies ist dann die Liste Deiner Bedürfnisse für eine geglückte Partnerschaft. Und sei versichert, Du wirst auch dann schon glücklich sein, wenn nur drei Viertel der Punkte erfüllt sind.

Wenn Du in einer Beziehung mit einer Frau lebst, schau Dir nun an, welche Punkte Deiner letzten Liste sie erfüllt. Sprich mit ihr über Deine Wünsche und Sehnsüchte, die sie nicht erfüllt. Erzähl ihr von den Bedürfnissen, die hinter diesen unerfüllten Punkten stehen, vielleicht weiß sie gar nichts davon. Sag ihr konkret, was Du gerne anders hättest, lass ihr aber auch Spielraum für eigene Ideen. Bedenke dabei wieder, dass Du auch glücklich sein kannst, wenn nicht alle in der Liste aufgeführten Punkte erfüllt sind. Erzähl ihr auch von den Punkten, an denen Du unzufrieden warst und für die Du nun erkannt hast, dass sie Dir gar nicht so wichtig sind oder dass Du sie nicht unbedingt von ihr erfüllt bekommen musst. Sei offen und ehrlich, gleichzeitig auch behutsam und liebevoll. Sprich in Ich-Botschaften, schließlich geht es um *Deine* Bedürfnisse. Mach Deiner Partnerin keinen Vorwurf, wenn sie nicht immer alles erfüllen kann.

Solltest Du gerade auf der Suche nach einer Partnerin sein, so wünsche ich Dir, dass Dir die eben gemachte Übung dabei hilft, übertriebene Erwartungen loszulassen. Es gibt so viele Singles und doch finden nur wenige zueinander. Man liest immer wieder, dass bei vielen die Wunschvorstellungen und die Realität einfach zu weit auseinander klaffen – die goldene Göttin hat zugeschlagen. Denk daran, die Wolfsfrau und der Wilde Mann sind ebenbürtige Gefährten – einfacher Arbeiter sucht Akademikerin ist damit nicht gemeint, das geht auch nur in seltenen Ausnahmefällen gut. Natürlich meine ich nicht, dass Du wahllos irgendeine Frau nehmen kannst, die alle übrig gebliebenen Punkte Deiner Liste erfüllt. Bleib bei dem, was wirklich wichtig ist, was für Dich für eine Beziehung entscheidend ist. Geh nach dem vor, was Dein Herz sagt!

Zum Schluss möchte ich Dich noch auf etwas hinweisen: So wie jede Frau eine Wolfsfrau werden kann (und in mancher Hinsicht sicher auch schon ist), so hat jede Frau die goldene Göttin in sich. Jede Frau hat das Potenzial, zu einer goldenen Göttin zu werden, es kommt nur darauf an, ihr den richtigen Raum zu geben, in dem sie sich entfalten kann.

## 14. Die Frauen in Deinem Leben

Ich nehme an, dass Du bis zum momentanen Zeitpunkt bereits mehr als eine Beziehung mit einer Frau gelebt hast. Für Deine jetzige oder zukünftige Beziehung ist es von großem Vorteil, wenn Du über die bisherigen Bilanz ziehst. Die Gründe dafür sind zahlreich. Der wichtigste ist, dass eine Bilanz Dich viel über Dich und Deine Art, Partnerschaft zu leben, lehren kann.

Denke an Deine erste längere Beziehung, denke an Deine erste Partnerin. Wie war sie, wie hast Du sie kennen gelernt? Geh noch einmal zurück zu dem Zeitpunkt, als Du sie das erste Mal gesehen hast, und schau, wie Du damals reagiert hast. Warum hast Du Dich in sie verliebt? Denk darüber nach, was Dich schon ganz am Anfang zu ihr hingezogen hat, was Dein Herz für sie eingenommen hat. Irgendetwas in Dir hat in ihrer Gegenwart zu schwingen begonnen, finde es heraus.

Was war das Besondere an Eurer Beziehung, das Schöne – am Anfang, mit Fortdauer Eurer Liebe, gegen Ende der Beziehung? Geh die Phasen Eurer Partnerschaft durch und schau auf die Schmuckstücke, auf das, was diese Beziehung einmalig gemacht hat. Jede Beziehung ist einzigartig, weil auch die Beteiligten einzigartig sind. Die Besonderheiten ändern sich oft im Verlauf einer Beziehung, es kommen neue hinzu, andere verlaufen sich (meistens ungewollt). Manche werden sogar vom Edelstein zur Kohle, weil sie übertrieben worden sind.

Wie hat diese Frau die Schmetterlinge in Deinem Bauch dazu gebracht, mit ihren Flügeln zu schlagen? Spüre dem nach, was Dich an ihr fasziniert hat, womit sie Dein Herz zum Lachen gebracht hat und Deine Augen zum Glänzen. Überlege, warum Dich das so beschwingt hat, welches Bedürfnis dahinter gesteckt hat und was Dir das über Dich sagen kann. Bleib hier nicht am Anfang der Beziehung stehen, sondern geh auch weiter bis zum Ende. Schau, womit sie Dich in der Mitte Eurer Beziehung erfreut hat und was Dir selbst am Ende noch gut getan hat. Denke darüber nach, warum vieles, was am Anfang da war, auf der Strecke geblieben ist. Überlege, was Du hättest tun können, damit es nicht verblasst.

Warst Du glücklich mit ihr? Wie hat sich das angefühlt? Gehe über die geistige Ebene hinaus auch in die körperliche und seelische. Und bei der körperlichen Ebene meine ich nicht nur den Sex, sondern auch, was Du gespürt hast, wenn Du einfach in ihrer Nähe warst, wenn Du an sie gedacht hast oder etwa eine Überraschung für sie vorbereitet hast. Für viele Männer wäre es immens wichtig, vom Denken zum Spüren, in die Intuition, ins Fühlen zu gelangen. Wenn Du auch zu diesen gehörst, ist das Nachspüren der damaligen Empfindungen eine sehr gute Übung für Dich.

War sie glücklich mit Dir? Woran hast Du das gemerkt? Und wodurch hast Du sie glücklich gemacht? Geh diesen drei Fragen besonders sorgfältig nach, schließlich sind sie genau unser Thema! Wenn es auch viele grundlegende Dinge gibt, die Frauen glücklich machen, so ist es doch mindestens genauso wichtig zu erkennen, was Du an Besonderem dazu beizutragen hast. Vielleicht war es bei jeder Deiner Partnerinnen etwas anderes, vielleicht war es bei jeder dasselbe, auf jeden Fall ist es immer ein Teil von Dir gewesen.

Warum ist Eure Liebe abgeflacht? Warum habt Ihr die Beziehung beendet? Suche jetzt keinen Schuldigen (es gehören zum Beginn wie zum Ende einer Beziehung zwei dazu), interessant sind nur die Gründe. Denk über die schönen und die nicht so schönen Seiten Eurer gemeinsamen Zeit nach und überlege, was Du daraus gelernt hast. Was hat gefehlt, was war zu viel, warum ist der anfängliche Zauber verschwunden, wodurch sind die Konflikte größer geworden – das sind die Fragen, deren Beantwortung Dir Rüstzeug für zukünftige Beziehungen geben kann. Schau auch darauf, was Du aus heutiger Sicht gerne anders machen würdest und wo Du wieder genauso handeln würdest wie damals. Beende diese Übung, indem Du Dich für all das Schöne, das Du in dieser Beziehung erlebt hast, bedankst.

Mache diese Übung ein weiteres Mal, nun in Gedanken an Deine zweite Partnerin. Denke wieder sorgfältig über die Beziehung nach und stelle Dir dieselben Fragen. Nimm Dir auch diesmal genug Zeit dafür, die Antworten kommen oft nicht so schnell und sind manchmal sogar schwer zu finden. Vielleicht fallen Dir schon beim Nachdenken über diese zweite Beziehung Gemeinsamkeiten oder Parallelen zur ersten auf – genau diese sind die Juwelen, nach denen wir suchen. Die Dinge, die Du jetzt beim Nachdenken als Ähnlichkeiten erkennst, können Dir viel über Dich selber sagen – am Besten wäre es, wenn Du sie Dir notierst.

Verfahre nun genauso mit jeder weiteren Liebesbeziehung, die Du bisher erlebt hast. Schau sie Dir genau an, spüre ihr noch einmal nach, erlebe die Freude am Anfang und den Schmerz am Ende. Suche nach den Kleinigkeiten, die damals wichtig für Dich waren, und den großen Zusammenhängen, die heute bedeutend für Dich sind. Achte, wie gesagt, vor allem auf Ähnlichkeiten und Parallelen zu anderen Beziehungen. Vielleicht hast Du Dich immer wieder in den gleichen Typ Frau verliebt, vielleicht haben die Beziehungen immer denselben Verlauf genommen, vielleicht gab es da immer die gleiche Schwierigkeit – all diese Parallelen sind es wert, aufgeschrieben zu werden.

Wenn Du alle Deine Beziehungen durchgegangen bist, erhältst Du eine Liste mit Gemeinsamkeiten. Einige davon werden schöne Dinge sein, etwas, was Du in mehreren Beziehungen als wundervoll erlebt hast, worüber Du Dich freust. Überlege, warum Du diese öfter erlebt hast, was Du dazu beigetragen hast, denn dies sind Deine Stärken. Daneben wird es unangenehme Gemeinsamkeiten geben, Parallelen, die Dir wehtun. Schau Dir diese besonders sorgfältig an, denn von ihnen kannst Du am meisten lernen. Versuche herauszufinden, warum etwas öfter passiert ist. Was hat es mit Dir zu tun – das ist die Frage, die hier besonders wichtig ist.

Die Beziehungen eines Mannes, den ich kenne, gehen immer wieder auseinander, weil er seine Partnerin einsperrt. Sie soll nur für ihn da sein, keine anderen Freunde und Interessen haben außer den gemeinsamen. Wenn man das so hört, klingt es ganz offensichtlich und logisch, dass das nicht gut gehen kann. Doch er selbst hat sehr, sehr lange gebraucht, dieses Muster überhaupt als solches zu erkennen und damit zu beginnen, es aufzulösen.

Solchen immer wieder vorkommenden Mustern sind wir ja schon in früheren Kapiteln begegnet. Es sind eingefahrene, verinnerlichte Abläufe, die irgendwann einmal – vermutlich in der frühen Kindheit – passend waren. Und weil sie so passend waren, wiederholt man sie immer wieder, selbst wenn sie schon lange keinen Erfolg mehr zeigen. Man tut dies unbewusst. Wenn einem ein solches Muster klar wird, kann man es meistens relativ einfach auflösen. Schau also gerade hier, bei Deinen früheren Beziehungen, nach solchen Mustern, die immer wieder gleiches Erleben zeigen. Versuche zu erkennen, was Dein Anteil an dem Muster ist. Oft kommt man immer wieder in ähnliche Situationen, weil man eine Lernaufgabe gestellt bekommen hat, von Gott, vom Universum, von Deinem Unbewussten, nenn es, wie Du willst. Solange man seine Aufgabe nicht erfüllt hat, geht man immer wieder zurück an den Start. Doch der erste, wichtigste Schritt zur Lösung ist auch hier, den Ablauf ins Bewusstsein zu holen. Sich klar zu werden, was es zu lernen gilt, welche Aufgabe zu lösen ist.

Nachdem Du die Erinnerung an Deine Beziehungen aufgefrischt hast, kannst Du nun darüber nachdenken, was Du eigentlich schon alles versucht hast, um eine Frau glücklich zu machen, und was das Ergebnis war. Wo es Dir gelungen ist, wo nicht und wie viel davon Dein Anteil war. Vielleicht bist Du auch schon einmal verzweifelt bei dem Versuch, eine Frau glücklich zu machen, und ein anderes Mal ist einfach alles von selber gegangen? Leb Dich noch einmal in diese Gefühle hinein und schau, wo Du besonders bei Dir warst.

Denke mit Hilfe des Überblicks über Deine Beziehungen darüber nach, welcher Frauentyp Dich anzieht und warum. Welche Gemeinsamkeiten haben die Frauen, die Du Dir ausgesucht hattest? Und welchen Frauentyp meidest Du? Spür dem nach, ob es etwas gibt, wovor Du bei Frauen Angst hast, womit sie Dich verschrecken können. Sind Dir starke Frauen nicht geheuer, ziehen stille, in sich gekehrte Frauen Dich an, magst Du auf keinen Fall eine Partnerin, die klein und zierlich ist – egal was es ist, es sagt etwas über Dich aus und kann Dich etwas über Dich lehren. Genauso gilt das natürlich umgekehrt. Betrachte, welche Frauen Dich anziehend finden und welche Dich meiden. Auch das hat viel mit Dir zu tun – nutze das alles, um Dich selbst noch besser kennen zu lernen.

## 15. Begegnung mit der inneren Frau

Neben der goldenen Göttin, die ja Dein Idealbild einer Partnerin darstellt, gibt es noch eine zweite Frauengestalt in Dir – Deine innere Frau. Schon zu Beginn im alten Testament der Bibel steht: „Gott schuf den Menschen nach seinem Bild. Als Mann und Frau schuf er ihn." Es heißt nicht, er schuf Männer und Frauen, sondern den Menschen als Mann und Frau. Schon damals wussten also die Weisen, dass keine Frau nur Weibliches in sich trägt und kein Mann nur Männliches. Wir alle haben weibliche und männliche Anteile. Sie werden unterschiedlich ausgeprägt und ausgelebt. Das konkrete physische Geschlecht ist nur ein Teilaspekt der unterschiedlichen Ausprägung.

Deine innere Frau – oder wie der Psychologe C. G. Jung sie genannt hat, Deine Anima – steht für alles Weibliche in Dir, für Deine weiblichen Eigenschaften, das Sanfte, das Anschmiegsame, das Raumgebende, das Zusammenhaltende usw. Über Deine innere Frau hast Du Zugriff auf diese Verhaltensweisen, auf diese Teile Deiner Psyche, sie kann Dir helfen, ganzheitlicher zu werden. Die innere Frau spiegelt Dir sowohl den Zustand Deiner weiblichen Anteile als auch Deine Einstellung gegenüber Frauen wider. Durch Gespräche mit ihr – die ja eigentlich Gespräche mit Deinem Unterbewusstsein sind – kannst Du viel über Dich erfahren und daran wachsen und reifen.

Wenn Du Lust auf eine Begegnung mit Deiner inneren Frau hast, dann nimm Dir dafür wieder genügend Zeit und ziehe Dich an einen ruhigen Ort zurück. Beginne Dich in Deine innere Welt zu versenken, indem Du Dich auf Deinen Atem konzentrierst (genaue Anleitung siehe Kapitel 5). Gehe dann Schritt für Schritt den Pfad zu Deiner Innenwelt, bis Du bei einer Tür angelangt bist. Diese Tür führt zu den Gemächern Deiner inneren Frau. Öffne die Türe, tritt ein und schau Dich im Raum um – er ist leer, Deine innere Frau ist noch nicht hier. Beobachte sorgfältig, denn alles, was Du sehen kannst, ist interessant. Wie sieht der Raum aus, in dem Deine innere Frau lebt? Hat er Fenster, ist er schön eingerichtet, ist er hell oder dunkel? Geh umher, betrachte alles, spüre, ob Du Dich darin wohl fühlst, mach ihn Dir vertraut.

Dann kommt Deine innere Frau herein. Begrüße sie freundlich und bedanke Dich dafür, dass Du bei ihr zu Gast sein darfst. Beobachte sie – wie sieht sie aus, welcher Typ Frau ist sie? Was strahlt sie aus, wie bewegt sie sich, was empfindest Du in ihrer Gegenwart? Sprich mit ihr, frage sie, wie es ihr geht, wonach sie sich sehnt, was ihr Leben verbessern würde. Frag sie, was ihr Freude macht, worüber sie traurig ist und was sie Dir sonst sagen möchte. Erzähle ihr, was Du ihr erzählen möchtest. Höre ihr zu, was sie dazu zu sagen hat. Am Schluss Eures Gesprächs bedanke Dich bei ihr und verabschiede Dich in dem Bewusstsein, dass Du jederzeit wieder willkommen bist. Dann verlasse die Gemächer Deiner inneren Frau und steige langsam zur Außenwelt empor.

Vielleicht möchtest Du Dir nun auch noch Zeit nehmen, Wichtiges aus Eurem Gespräch zu notieren. Wenn Du jedoch nur wenig Kontakt gefunden hast oder die innere Frau überhaupt nicht erschienen ist, so sei nicht enttäuscht, bei vielen Männern ist das beim ersten Mal so. Es bedeutet wahrscheinlich, dass Du nur sehr wenig Kontakt zu Deinen weiblichen Seiten hast, dass Du diese kaum auslebst und an Deinem Leben teilhaben lässt. Gerade das sollte Dich aber motivieren, Dich weiter damit zu befassen, denn umso mehr hast Du für Dich zu entdecken und zu gewinnen.

Wie schon gesagt, spiegelt Dir Deine innere Frau Deine Einstellung Frauen gegenüber wider. Wie es der inneren Frau geht, wie sie aussieht, was sie tut, das hängt oft eins zu eins damit zusammen, wie Du mit Frauen umgehst – in Wirklichkeit und nicht in Deinem Selbstbild. Wenn sich die innere Frau wohl fühlt, wenn es ihr gut geht, wenn ihr Raum schön ist, dann ist das auch ein Indiz dafür, dass sich die Frauen in Deinem Leben bei Dir wohl fühlen können, dass Du gut mit ihnen umgehst, ihnen genug Raum in Deinem Leben gibst, sie achtest und ehrst. Wenn Deine innere Frau jedoch aggressiv ist oder total scheu, wenn ihr Raum düster und finster ist, wenn sie sich zurückzieht, dann denke darüber nach, was der Hintergrund dafür sein könnte. Dazu ist es hilfreich, den Besuch bei ihr zu wiederholen und sie liebevoll, aber ganz konkret zu befragen.

Deine innere Frau öfter zu besuchen und den Kontakt zu ihr auszubauen, ist aber auch generell eine gute Idee. Sei nicht verwundert, wenn sie vielleicht einmal anders ausschaut oder ihre Erscheinung sogar jedes Mal wechselt. Da sie Deine innere Weiblichkeit repräsentiert, verändert sie sich auch, wenn Dein Zugang zu Deinen weiblichen Seiten und Dein Umgang mit ihnen sich ändern. Meine innere Frau war bei unserer ersten Begegnung eine total harte Business-Woman – sie hat mir auf krasse Art gezeigt, wie eine Frau zu diesem Zeitpunkt sein musste, damit sie von mir wirklich respektiert wird. Als mir das klar geworden ist, bin ich ziemlich erschrocken. Ich habe dem nachgespürt, habe die versteckten alten Wurzeln dieser inneren Einstellung entdeckt und konnte mich davon lösen. Danach war meine innere Frau plötzlich eine sportliche, zierliche Person, die mich beim Joggen begleitet hat. Und später war sie eine sehr sinnliche, sehr weibliche Frau, mit stark erotischer Ausstrahlung. Bei jedem Kontakt, den Du mit Deiner inneren Frau hast, bekommst Du eine Botschaft aus Deinem Unterbewusstsein, von Deiner inneren Weiblichkeit, und die kann jedes Mal anders aussehen.

Wenn Du den Kontakt mit Deiner inneren Frau schon eine Zeitlang gepflegt hast, kann sie Dir auch im Alltag eine Ratgeberin sein, Du kannst sie fragen, was Du tun sollst. Das ist besonders hilfreich, wenn es um Fragen geht, die eine Frau in Deinem Leben betreffen. Über Deine innere Frau hast Du Zugang zur weiblichen Weisheit Deines Unbewussten, dem Ort Deiner Psyche, an dem Intuition und Gespür herrschen und Du bereits vieles weißt, was Du in Deinen klaren Gedanken noch gar nicht fassen kannst. Ich habe mir schon öfter einen Rat meiner inneren Frau geholt und bin noch nie schlecht damit gefahren. Halte Kontakt mit Deiner inneren Frau, in Wirklichkeit ist das Kontakt mit Dir selbst, mit einem Teil Deines Unterbewusstseins.

Die Begegnungen mit Deiner inneren Frau werden Dir das Erkennen und Annehmen Deiner weiblichen Anteile erleichtern. Gleichzeitig hält Dir Deine innere Frau einen Spiegel vor, in dem Du erkennen kannst, wie es um Deine Beziehungsfähigkeit zu Frauen steht. Beides ebnet Dir den Weg zum Feuerpaar, zur Beziehung zwischen der Wolfsfrau und dem Wilden Mann.

# Das Feuerpaar

Der Mensch wird
am Du zum Ich!

(Martin Buber)

## 16. Die Beziehung des Feuers

Wenn eine Wolfsfrau und ein Wilder Mann miteinander eine Beziehung eingehen, so bilden sie das Feuerpaar, leben die Beziehung des Feuers. Das Feuerpaar schöpft aus Energie, Lust und Leidenschaft, lebt ein Miteinander, das all das widerspiegelt, was den Wilden Mann und die Wolfsfrau ausmacht. Die Beziehung des Feuers ist eine Beziehung, die aus der gegenseitigen Achtung lebt, dem gegenseitigen Respekt und der Liebe. Sie lebt aus der Kraft, die von dem Bewusstsein kommt: „Ich will mit Dir leben, aber ich muss nicht. Ich bin auch ohne Dich lebensfähig, aber mit Dir ist es schöner. Du tust mir gut."

Das Bild des Feuers steht für Dynamik und Erotik, für das Lodernde, das Prickelnde – gleichzeitig aber auch für das Wärmende, das Behagliche, das Geborgenheit-Schaffende. Beide Seiten sind in der Beziehung des Feuers gleichermaßen vorhanden, alles hat darin Platz, was der Wolfsfrau und dem Wilden Mann gut tut, was dem Feuerpaar Kraft gibt. Das Feuerpaar lebt in der gegenseitigen Achtsamkeit und Behutsamkeit, aber auch aus dem spielerischen und intensiven Umgang miteinander. Dabei ist auch die positive Spannung zwischen den Polen Mann und Frau stark spürbar – es knistert zwischen der Wolfsfrau und dem Wilden Mann. Auch dann noch, wenn die Beziehung schon länger dauert, weil sie sich immer wieder verändert, weil sie spontan bleibt. Weil beide diese Spannung spüren und fördern, weil sie die Beziehung nicht in die Selbstverständlichkeit abgleiten lassen.

Es kann natürlich nicht jede Wolfsfrau mit jedem Wilden Mann ein Feuerpaar bilden, denn ohne die Liebe ist die Beziehung des Feuers nicht möglich, und ein Wilder

Mann kann nicht willkürlich jede Wolfsfrau lieben, das ist klar. Aber wenn die Liebe da ist zwischen einer Wolfsfrau und einem Wilden Mann, dann entsteht diese knisternde, spannende, lust- und liebevolle Beziehung des Feuers. Dann gibt es diese Partnerschaft, in der so viel Platz hat, in der die Träume und Sehnsüchte beider beachtet und, wo möglich, auch erfüllt werden.

Das Feuerpaar lebt eine Partnerschaft von zwei Individuen, zwei Gefährten, die miteinander auf dem Weg sind. Es ist eine Beziehung, in der sehr viel Freiheit herrscht, in der es Frei-Sein gibt statt Eingesperrt-Sein. Es ist keine „Tiergarten-Beziehung" im Sinne von „ich sperre Dich in einen Käfig ein und niemand darf mehr in Deine Nähe kommen". Die Zahl solcher Tiergarten-Beziehungen ist groß. Wenn einer oder beide in einen Käfig gesperrt sind, bedeutet das immer eine Einschränkung der Persönlichkeit – selbst wenn es ein goldener Käfig ist. Die Träume, Wünsche und Sehnsüchte so vieler Paare – von ihr, von ihm oder von beiden – bleiben auf der Strecke. Oft werden sie sogar vom eigenen Partner lächerlich gemacht, gerade wir Männer neigen sehr dazu. Der Wilde Mann sperrt seine Wolfsfrau nicht ein und er wird auch von ihr nicht eingesperrt. Genauso wenig ist die Beziehung des Feuers eine „Schrank-Beziehung" im Sinne von „wenn ich Dich brauche, hole ich Dich hervor und den Rest der Zeit stelle ich Dich in den Schrank, wo Du wartest, bis ich wieder etwas von Dir will". Es ist keine Beziehung, in der der Freiraum des einen auf Kosten des anderen geht.

Das Feuerpaar lebt miteinander in gegenseitigem Vertrauen, Respekt, Achtung und Treue. Es gibt in der Beziehung des Feuers genug Freiraum für beide, aber auch genug Raum, wo beide zusammen sind, wo sie miteinander lachen, miteinander ruhen, miteinander leben. Beide achten und schätzen den anderen. Sie sind frei und gleichzeitig einander treu, weil sie es wollen und weil sie wissen, dass Treue und Vertrauen sehr wichtig sind für eine Gefährtenschaft.

Man kann sich eine Beziehung – wie schon in Kapitel 3 erwähnt – auch als zwei Kreise vorstellen, einen für das „Ich“ und einen für das „Du“. Dort, wo die beiden Kreise einander überlappen, ist die Zone des „Wir“. In vielen Beziehungen wird mit fortschreitender Dauer diese „Wir“-Zone immer mehr vernachlässigt und schrumpft immer mehr. Meiner Ex-Frau und mir ist das passiert, wir haben uns gegenseitig sehr viel Freiheit gegeben, aber auf das Gemeinsame viel zu wenig geachtet – so ist unsere Beziehung auseinander gegangen. Wenn die „Wir“-Zone jedoch zu groß wird, wenn von der „Ich“- und der „Du“-Zone kaum mehr etwas übrig bleibt, so passiert das andere Extrem, die Verschmelzung. Die eigene Persönlichkeit tritt dann in den Hintergrund, es geht nur mehr um das Paar-Sein, alles wird gemeinsam getan, alles muss zusammen erlebt werden. Meistens wird das dann einem der beiden zu viel und die Beziehung kommt in eine große Krise, denn eine so übergroße Wir-Zone ist immer auch ein (goldener) Käfig. Noch schlimmer ist es – wie es früher bei Männern gang und gäbe war, aber auch heute noch vorkommt –, wenn der Ich-Bereich zwar groß ist, das Du aber fast zur Gänze in den Wir-Bereich gezwungen wird. „Ich brauche meinen Freiraum, Du bleibst gefälligst zu Hause!“, so die dabei unausgesprochene Botschaft.

Das Feuerpaar lebt in einem ausgewogenen Gleichgewicht aus Nähe und Distanz. Der „Ich“-Bereich und der „Du“-Bereich sind ausgeprägt und ausgeglichen, die „Wir“-Zone ist ebenfalls groß und bietet genug Platz. Weder die Wolfsfrau noch der Wilde Mann haben Angst vor dem „Wir“. Sie wehren sich nicht dagegen, sondern lassen sich voll Freude darauf ein, weil sie wissen, dass es in Freiheit geschieht, dass es ihnen nicht ihre Freiheit nimmt. Genauso wenig haben sie Angst vor dem eigenen „Ich"-Bereich, sondern genießen ihn.

Die Nähe, in der das Feuerpaar zueinander steht, ändert sich ständig. Das ist natürlich nicht immer ganz einfach. Ein Ringen um die für beide angenehme Nähe und Distanz ist öfter notwendig als in „normalen" Beziehungen. Mal sind die beiden ganz eng beisammen, dann herrscht wieder normale Nähe und dann gibt es auch Zeiten, in denen die Wolfsfrau ihre eigenen Pfade verfolgt und der Wilde Mann alleine seinen Weg gehen muss. Gerade in diesen Phasen achtet das Feuerpaar dann aber auch darauf, dass sie einander nicht verlieren. Sie geben einander viel Freiraum, aber auch viel Nähe. Beides passiert nicht auf Kosten des anderen, sondern bereichernd.

Das gilt überhaupt für die ganze Beziehung des Feuers. Sie geht nicht auf Kosten von einem von beiden, es muss nicht einer zurückstecken, damit der andere leben kann, schon gar nicht muss einer den anderen klein halten, damit er selbst groß genug ist. Das Feuerpaar fördert und fordert einander – so bringen sie sich gegenseitig weiter und wachsen und reifen aneinander. Eine solche Beziehung ist sicher nicht die bequemste, denn sie ist sehr lebendig und spontan und das ist nicht immer einfach. Wolfsfrau und Wilder Mann wissen beide sehr gut, was sie wollen, und das stimmt nun einmal nicht immer überein. So müssen oft Kompromisse und Lösungen gefunden werden.

Doch das Feuerpaar achtet auf die Bedürfnisse von beiden. Beide sind gleich wichtig, gleichwertig und gleichgestellt. Mal tun sie das, was sie will, mal das, was er möchte. Mal nimmt er sich zurück, mal sie, die Beziehung lebt vom gegenseitigen Sich-dem-anderen-Schenken. Sie haben Spaß miteinander, sie haben Sex miteinander, sie haben ruhige Zeiten miteinander, sie haben Konflikte miteinander, sie haben sehr viele und intensive Gespräche miteinander – alles hat Platz in der Beziehung des Feuers, was beiden gut tut.

Das Feuerpaar kennt sich gegenseitig, sie haben eine Beziehung auf allen Ebenen, sie verstehen einander, sie lassen einander in die Seele und ins Herz schauen. So wissen sie auch über die meisten Träume und Sehnsüchte des anderen Bescheid, denn sie sprechen auch häufig darüber. Man hört so oft, dass ein Paar am Ende einer Beziehung aufwacht und einer oder beide völlig erstaunt sind, welche Bedürfnisse und Wünsche der andere noch gehabt hätte, von denen er gar nichts gewusst hat. So etwas passiert dem Feuerpaar kaum, weil bei ihm viel Kommunikation herrscht, Kommunikation über die wirklich wichtigen Dinge des Lebens, nicht nur über den Alltag.

Die Wolfsfrau und der Wilde Mann leben so miteinander, wie es für die beiden passt und nicht, wie sie den gesellschaftlichen Konventionen Genüge tun. Sie sind verheiratet, wenn sie wollen, oder sie leben eine Lebensgemeinschaft. Sie leben eine Wochenend-Beziehung oder in zwei Haushalten und sehen sich, wann sie es möchten. Sie leben so, wie es ihrer Beziehung entspricht, wie es ihnen passt und wie es ihnen gut tut. Sie lieben sich und tun einander Gutes – alles andere ist nebensächlich.

## 17. Übersetzungshilfen

Die folgenden Kapitel behandeln die Fundamente, die Grundlagen, auf denen eine geglückte Beziehung aufgebaut werden kann. Natürlich müssen die einzelnen Bereiche und Beispiele für Dich nicht gleich eins zu eins übertragbar sein, doch sie alle mögen Dir Hilfen und Hinweise sein.

Sehr oft wird von Frauen der Bereich der Kommunikation bemängelt. Ich höre immer wieder, dass Männer nicht über ihre Gefühle reden, sich nicht mitteilen, aber auch nicht zuhören und gar nicht wissen, wie es ihren Partnerinnen geht. Die Frauen klagen darüber, dass Männer nur schweigen, nichts von sich preisgeben, sich nicht öffnen, sondern sich verkriechen. Sie erzählen mir vom „Schweigen der Männer".

Du denkst Dir jetzt vielleicht „Was meint er bloß mit ‚Das Schweigen der Männer'? Ich kenne einige Männer, die wie ein Wasserfall reden und bei denen man nur sehr schwer zu Wort kommt, und auch sonst geht es in Männerrunden nicht gerade schweigsam zu!" Damit hast Du natürlich Recht. Doch erstens geht es den Frauen ja nicht darum, worüber die Männer untereinander sprechen, sondern worüber sie in der Beziehung (nicht) reden. Und zweitens – ehrlich betrachtet – reden Männer durchaus genug, doch sagen sie dabei nichts, zumindest nichts von sich selbst. Eine Studie über das Sprechverhalten von Männern und Frauen hat ergeben, dass Frauen über sehr viel Persönliches und Inneres, sie selbst Betreffendes miteinander sprechen. Sie unterstützen sich gegenseitig, geben sich Tipps, tauschen Erfahrungen aus, sei das nun über Kindererziehung, Partnerschaft oder Ähnliches. Vor allem aber sprechen sie viel über ihre Probleme, Sorgen, Wünsche usw. Männer hingegen reden nur über Oberflächliches und Äußeres, andere Betreffendes. Sie diskutieren über alles Mögliche, aber nichts, was sie selbst wirklich betrifft. Es ist wahrscheinlich leichter aufzuzählen, worüber der durchschnittliche Mann bereit ist zu sprechen, als das, worüber er schweigt. Welche Themen werden denn in den Büros und Stammtischrunden behandelt? Da geht es in erster Linie um den Beruf bzw. um den beruflichen Erfolg. Und dann geht es schon nur mehr über andere und anderes. Da wird von den Politikern gesprochen, vom Sport, von Autos und von den neuesten technischen Errungenschaften. Manchmal wird dann auch noch über Dinge, die irgendwem irgendwo passiert sind, diskutiert. Wenn ein Mann doch von sich selbst spricht, dann nur von etwas, bei dem er erfolgreich war, oder von einem Erlebnis, das die anderen zum Lachen bringt, womit er indirekt ja wieder erfolgreich ist.

Welcher Mann spricht mit anderen Männern über seine Fehler? Erzählt ihnen, wo er etwas falsch gemacht hat, wo er Probleme hat, wo er nicht weiter weiß, wo er keine Lösung findet? Oder gar über jene Dinge, die ihm auf der Seele liegen, vor denen er Angst hat, die ihm Sorgen und schlaflose Nächte bereiten? Das tun nur ganz wenige. Männer glauben anscheinend, sie müssten sich mit der Aura des ewigen Gewinners, des Strahlemanns umgeben. Sie tun so, als wären sie der „Lonesome Cowboy“, der alle Probleme selbst löst, der niemanden braucht. Und so bleiben sie im Gespräch mit anderen nur an der Oberfläche, sprechen nicht von dem, was sie wirklich bewegt, was ihnen am Herzen und auf der Seele liegt. Daher lernen sie auch nicht, wie man über so etwas sprechen kann, und haben keine Worte dafür.

Nach all meinen Erfahrungen sprechen viele Männer am wenigsten in ihrer Beziehung. Sie artikulieren selten bis nie ihre Gefühle, ihre Wünsche, ihre Sorgen. Sie sagen der Partnerin viel zu selten, was ihnen gefällt und was sie an der Beziehung schätzen. Sie sprechen nicht mit ihr über das, was sie bewegt. Und schon gar nicht über Probleme. Die meisten Männer werden in der Beziehung immer schweigsamer, je schwieriger es wird.

Ein Grund dafür ist wohl die unterschiedliche Sprache, die Männer und Frauen sprechen. John Gray stellt in seinen Büchern die These auf: „Männer sind vom Mars, Frauen von der Venus." Daher können sie einander nicht verstehen. Aber auch vom psychologischen Konzept der Archetypen her betrachtet, sind Männer und Frauen in ihrer Kommunikation ziemlich verschieden. Die meisten Männer sprechen – bevor sie sich intensiver mit sich selbst auseinander gesetzt haben – die Sprache des Kriegers und denken ziel- und lösungsorientiert. Sie wollen losmarschieren und Probleme aus der Welt schaffen, für sie ist die Welt einfach einzuteilen in „Gut oder Böse", „Schwarz oder Weiß". Sie sprechen eine klare Sprache, halten sich an die Fakten und sind immer auf der Suche nach einer schnellen und guten Lösung. Frauen jedoch sprechen primär die Sprache der Magierin. Sie wollen Dinge bereden, sie von mehreren Blickwinkeln betrachten, Alternativen abwägen und zu einem möglichst breiten und tiefgehenden Verständnis der Sachlage kommen. Sie sehen die unendlich vielen Nuancen, die das Leben zwischen Schwarz und Weiß bereithält, und diese wollen sie entdecken.

Angesichts dessen wird ziemlich schnell klar, dass Mann und Frau hier füreinander wirklich nahezu Fremdsprachen sprechen. Wenn eine Frau ihrem Partner von etwas erzählt, was sie bedrückt oder worüber sie sich Sorgen macht, ist er sofort auf der Suche nach einer Lösung – er nimmt die Fährte auf wie ein Drogenhund und sobald er eine Lösung entdeckt hat, stürmt er in diese Richtung, sprich: er sagt seiner Partnerin, was sie tun soll. Da sie jedoch nicht primär an einer Lösung, sondern an einem besseren Verständnis der Situation interessiert ist, möchte sie immer noch darüber reden – was ihr Mann eigentlich gar nicht mehr versteht. Er hat doch ohnehin gerade eine Lösung präsentiert, was will sie denn noch? Wahrscheinlich, so denkt er dann, war ihr die Lösung nicht gut genug. Und so sucht er nach einer anderen, besseren Lösung, die er sogleich wieder präsentiert. Sie hingegen wird langsam unwirsch, weil ihr da schon wieder eine Lösung präsentiert wird, anstatt dass ihr Partner die Sache mit ihr gemeinsam von verschiedenen Seiten betrachtet und ihr beim Verstehen hilft. Daher lehnt sie natürlich auch diese Problemlösung mehr oder weniger deutlich ab und das Rad dreht sich weiter. Am Ende des Gesprächs ist der Mann frustriert, weil seine Lösungsvorschläge allesamt nicht angenommen wurden – dabei waren einige nahezu genial, schließlich musste er ja hart arbeiten, um überhaupt so viele zu finden! Und die Frau ist frustriert, weil ihr Partner anscheinend gar kein wirkliches Interesse an ihren Sorgen und Nöten hat – wie sonst könnte es sein, dass er das Gespräch permanent durch irgendeine schnelle Lösung abzuwürgen versucht?

Noch viel stärker wirkt sich diese unterschiedliche Sprache aus, wenn der Mann etwas sagen sollte, wenn er ein Problem ansprechen oder über seine Sorgen, Ängste, Nöte in der Partnerschaft reden sollte. „Ich kann mit ihr nicht darüber sprechen, wie soll ich das machen, was soll ich sagen, wenn sie mich fragt wieso, oder wenn sie sagt, dass das gar nicht stimmt, was ich sage ... also sage ich nichts. Mittlerweile tue ich so, als ob ich solche Fragen von ihr nicht hören würde, und sie hat sich damit abgefunden“, hat mir ein schon sehr lange verheirateter Mann erzählt.

Eine der Ursachen dieser Sprachlosigkeit ist Angst. Die Angst, abgelehnt zu werden, die Angst, sich lächerlich zu machen, die Angst vor dem, was man auslösen könnte, wenn man ein Problem anspricht. Doch der Hauptgrund für das „Schweigen der Männer“ ist, so meine ich, dass uns dieses Schweigen von klein auf anerzogen wird – wie wir bereits in Kapitel 8 festgestellt haben. „Ein Indianer kennt keinen Schmerz“ und „ein großer Bub weint doch nicht“ – das sind die Aussprüche, mit denen schon Buben beigebracht wird, dass sie ihren Schmerz, ihre Traurigkeit, ihren Frust unterdrücken und nicht darüber reden sollen. Und damit wird der Grundstein zum „Schweigen der Männer“ gelegt. Denn wenn man als Kind nicht lernen kann, über Gefühle, Sorgen, Ängste und Nöte zu sprechen, wenn man daher auch nicht in sich hineinzuhören lernt und sich nie wirklich tief spüren kann, dann kann man es als Erwachsener noch weniger. Einer meiner Freunde hat genau das in einem Gespräch bestätigt: „Es gibt in unserer Beziehung“, so hat er von seiner Ehe erzählt, „einfach keine Gesprächskultur. Und daran bin zum größten Teil ich schuld. Immer wenn es eng oder schwierig geworden wäre, habe ich verweigert, habe ich mich in mich oder auch körperlich in ein anderes Zimmer zurückgezogen und wollte und konnte einfach nicht darüber reden. Mittlerweile habe ich langsam und unendlich mühsam gelernt, wenigstens ein bisschen über Gefühle zu sprechen. Doch mit meiner Frau geht es noch immer nicht. Die Mauern, die wir da über die Jahre hinweg aufgebaut haben, sind einfach zu hoch.“

So etwas schadet einer Beziehung natürlich enorm und führt meistens schleichend zu ihrem Ende. Der Wir-Bereich, von dem ich im letzten Kapitel gesprochen habe, besteht nämlich nicht nur aus gemeinsamen Aktivitäten oder Interessen, sondern auch aus dem Austausch über die Wünsche, Sehnsüchte, Sorgen und Ängste. Erst diese Kommunikation macht eine Beziehung innig, lässt sie tiefer und fruchtbarer werden. Nur wenn Du Deine Wolfsfrau in Dein Herz und in Deine Seele schauen lässt, nur wenn Du viel mit ihr sprichst, könnt Ihr miteinander zum Feuerpaar werden. Schweigen kann etwas Wunderschönes sein – Stille oder Meditation etwa, oder noch besser, beredtes Schweigen in der Beziehung des Feuers, in dem Ihr Euch Momente lang so nahe seid, ohne dass Ihr ein Wort verlieren müsst. Sonst ist jedoch Reden die bessere Alternative, ja eigentlich die Vorbedingung, damit Ihr überhaupt so weit kommt, dass Ihr miteinander beredt schweigen könnt.

Was nun die unterschiedliche Sprache betrifft, die Deine Partnerin und Du sprechen, kann ich Dich nur einladen, in Euren Gesprächen auf die Seite des Magiers zu wechseln. „Ich bin neugierig, ich suche nach Hintergründen, ich will dem, was sie mir erzählt, auf den Grund gehen, ich will es von allen Seiten beleuchten“ – wenn Du mit dieser Einstellung mit Deiner Partnerin sprichst, wirst Du sie viel besser verstehen. Und wenn Du ihr vielleicht auch noch neue Blickwinkel eröffnen kannst, ohne ihr eine Lösung aufdrängen zu wollen, wird das ihr und damit Euch nur gut tun. Und falls Dir eine Lösung auf der Zunge liegt – versuch sie herunterzuschlucken! Sie wird Dich nach Vorschlägen fragen, wenn sie soweit ist. Wenn Du Deine Lösung doch nicht von Deiner Zunge weg bringst, so frag Deine Partnerin wenigstens vorher, ob sie eine Lösung hören will.

Erzähl auch Du ihr von Deinen Sorgen und Nöten und nutze die verschiedenen Blickwinkel, die sie Dir bieten kann. Lass Dich nicht davon abhalten, wenn Du anfangs vielleicht unbeholfen in Deiner Ausdrucksweise bist, Deine Partnerin wird Dir durch ihr Hinterfragen schon helfen, die richtigen Worte zu finden. Sprich mit ihr über alles, was Dich bewegt! Hör ihr bei allem aufmerksam zu, was sie Dir erzählt. Nimm Dir Zeit für Eure Gespräche, Zeit, die bewusst dafür da ist. Bleibe in Kontakt mit Deiner Wolfsfrau.

## 18. Streiten will gelernt sein

An irgendeinem Samstag in der Früh, im Leben eines ganz normalen Paares: Er werkt im Pyjama am Computer herum, sie beginnt aufzuräumen. Am Nachmittag erwarten sie Besuch.

*Sie: Was murkst Du da jetzt herum, Du musst doch einkaufen gehen?*

Er: Ja, ich geh ja eh gleich. Ich will das nur schnell ausdrucken.

*Immer verzettelst Du Dich mit irgendwelchen Sachen.*

Na, das musst ausgerechnet Du mir sagen. Wer murkst denn dauernd mit den Blumen rum und steht dann im Chaos, wenn die Gäste kommen?

*Das hat damit überhaupt nichts zu tun! Und jetzt geh endlich!*

Ich lass mir doch von Dir nicht vorschreiben, wann ich gehe und wann nicht. Du bist wie Deine Mutter, die wird auch immer hektisch, wenn andere nicht gleich springen, anstatt dass sie sich um ihre eigene Arbeit kümmert.

*Also von Arbeit verstehst Du ja nicht sehr viel, Du mit Deinem Halbtagsjob.*

Nur weil Du nicht nein sagen kannst und dann ewig in der Firma herumhängst, brauchst Du mir nicht vorzuwerfen, dass ich nichts arbeite. Schau lieber darauf, wie sehr Du unser Haus vernachlässigst, weil Du nie da bist.

*Also das ist doch die Höhe ...*

(und so weiter, und so weiter)

So oder ähnlich verlaufen zahllose Streits tagein, tagaus und hinterlassen bei beiden wieder ein paar Narben mehr. Ein bisschen mehr Streitkultur könnte jedoch den Hintergrund sehr schnell aufdecken: Sie war einfach schlecht gelaunt und er hat sie zusätzlich nervös gemacht hat, weil sie Angst hatte, dass er beim Einkaufen nicht alles bekommen würde, was sie zum Kochen braucht. Wenn dieser Hintergrund bewusst wäre, könnte er sie beruhigen und sich beim Einkaufen beeilen, um schnell wieder zu Hause zu sein. Der Streit entstünde erst gar nicht. Das obige Beispiel ist kein fingiertes, sondern mir selbst genau so passiert. Viel öfter, als man glaubt, sind eigentlich einfach zu behebende Kleinigkeiten die Auslöser von großen Streitereien.

Ich erlebe immer wieder, wie falsch Streits laufen und wie wenig Frucht sie meistens bringen. Ich weiß aus eigener Erfahrung, dass das nicht so sein muss, dass Streit auch ohne Verletzungen abgehen kann und dass richtig geführte Streits sehr zur Reife einer Beziehung beitragen. Ich habe immer schon relativ oft gestritten. Meine Streitkultur hat sich allerdings im Laufe der Jahre stark verändert. Während früher nach einem Streit oft tagelang nur das Notwendigste zwischen mir und meiner Partnerin gesprochen wurde, hat in den letzten Jahren ein Streit nur noch selten damit geendet, dass einer oder beide sich verletzt zurückgezogen haben.

Was sind die wichtigsten Grundregeln für fruchtbringende Streits? Zuallererst darf man keine Angst vor einem Streit haben. Wer niemals streitet und alles schluckt, wird irgendwann explodieren. Einer meiner Freunde hat genau das einmal in einem Gespräch beschrieben: „Ich will einfach nicht immer nur streiten. Und so schlucke ich und schlucke ich – bis ich irgendwann wie eine Handgranate losgehe.“ Und wenn man dann explodiert, zerstört man meist wesentlich mehr, als einem lieb ist. In meinem Bekanntenkreis ist so etwas im Extrem passiert: Die zwei haben jahrelang eine – scheinbar – glückliche Ehe geführt, haben nie gestritten (und das auch noch als Gütezeichen ihrer Ehe betont), bis sie ihm plötzlich aus heiterem Himmel gesagt hat, dass sie so nicht mehr leben will, und ihn von einem Tag auf den anderen verlassen hat. Sie hat ihm dann alles an den Kopf geworfen, was sie nicht aushält und jahrelang geschluckt hat. Diesen riesigen Berg auf einmal abzuarbeiten, waren die beiden verständlicherweise nicht fähig und so wurde diese Ehe geschieden – meiner Ansicht nach auch aus Angst vorm Streiten.

Ein anderes Beispiel hat mir ein Teilnehmer auf einem meiner Seminare erzählt. Seine Beziehung ist, wie er es ausgedrückt hat, regelrecht in Harmonie ersoffen. Er hat sich die ganze Zeit bemüht, ihr alles recht zu machen, hat überhaupt nicht mehr auf seine Bedürfnisse geachtet, sich selbst nicht mehr gespürt, geschweige denn artikuliert. Jedem Streit ist er aus dem Weg gegangen und hat alles getan, damit die Harmonie aufrechterhalten bleibt. Damit hat er aber auch seiner Partnerin die Möglichkeit zum Streit und zu einer Verbesserung der Situation genommen und letzten Endes zerbrach diese allzu harmonische Beziehung ziemlich schnell.

Am wichtigsten ist es also, jeden Beschwerdestau zu vermeiden, keinen Streit zu unterdrücken, sondern dann zu streiten, wenn das Problem anfällt, oder wenn es sein muss – wenn zum Beispiel nicht genug Zeit für einen ordentlich ausgefochtenen Streit ist –, den Streit zu verschieben, aber so, dass der Partner merkt, dass noch etwas zu klären ist. Unterdrückte Streits sind immer eine Gefahr für die Beziehung, viel fairer Streit bringt hingegen viel Zusammenhalt – nicht umsonst gibt es die Redewendung: „Sie haben sich zusammengestritten."

Ein anderer, sehr wichtiger Punkt ist natürlich, dass man fair und konstruktiv streitet und nicht danach trachtet, den anderen zu verletzen. Du denkst Dir jetzt vielleicht, das ist ja selbstverständlich. Ich habe aber sowohl bei mir als auch bei anderen nur zu oft gesehen, wie leicht man das vergisst. Mit Fortdauer des Streits neigt man zu immer härteren Kampfstilen, nur um doch zu gewinnen. Dabei vergisst man allerdings auch, dass nur beide gewinnen oder beide verlieren können. Der scheinbare Gewinner ist auf Dauer – vor allem dann, wenn immer nur er gewinnt – doch der Verlierer; er wird nämlich die Partnerschaft verlieren und allein sein. Wer den anderen verletzt, fügt der Beziehung eine Wunde zu und verletzt so letzten Endes auch sich selbst.

Für einen fairen, konstruktiven Streit ist es notwendig, die Waffen richtig zu wählen und nicht mit Kanonen auf Spatzen zu schießen. Wenn mir das Abendessen nicht schmeckt, ist es nicht sinnvoll, meiner Beschwerde gleich mit dem Vorwurf „Du bist wie Deine Mutter, der ist es auch egal, was Dein Vater gerne mag" Nachdruck zu verleihen, nur weil ich nicht sofort Gehör finde. Oder bei jeder Kleinigkeit gleich die Sinnhaftigkeit der Beziehung in Frage zu stellen – etwa in der Art: „Wenn Du nie darauf Rücksicht nimmst, was ich möchte – was hat unsere Beziehung dann noch für einen Sinn?" Die Waffen, die man verwendet, muss man mit Bedacht wählen. Vor allen Dingen Worte wie „immer" oder „nie" oder „dauernd" sind unbedingt zu vermeiden, denn mit ihnen macht man nichts anderes, als Pauschalverurteilungen auszusprechen. Der konkrete Grund des Streits muss im Vordergrund bleiben und dem anderen auch klar ersichtlich sein.

Notwendig ist dafür natürlich auch, dass Beschwerden ernst genommen werden, dass Du bzw. Deine Partnerin Gehör findet, ohne immer lauter schreien zu müssen. Dann habt Ihr es gar nicht nötig, zu stärkeren Geschützen zu greifen. Reagiere auf die Anliegen Deiner Partnerin, frage Dich, warum diese Beschwerde erfolgt, ob sie nicht vielleicht zu Recht erfolgt und was Du zur Verbesserung beitragen kannst, statt gleich zum Gegenangriff überzugehen, wie das so viele leider tun.

Einige Frauen haben mir erzählt, dass sie in einer Beziehung geredet und geredet und geredet haben, immer wieder gesagt haben, was für sie nicht passt, warum sie sich nicht wohl fühlen, ohne irgendeine Reaktion zu finden außer Gegenanschuldigungen. Und als sie dann nach langer Zeit klargestellt haben, dass es ihnen reicht, dass sie die Beziehung beenden wollen, dass sie die Trennung bzw. Scheidung wollen, waren ihre Männer völlig überrascht – so als hätten die Frauen vorher nie etwas gesagt. Zuhören hat auch oder vielleicht gerade in einem Streit oberste Priorität.

Bedenke auch, dass es in einem Streit fast immer um Gefühle geht, die verletzt sind, und nur ganz selten um logische Probleme. Daher hat es wenig Sinn, den Streit logisch anzugehen. Im Gegenteil: Wenn Deine Partnerin einen Streit vom Zaun bricht, der sich scheinbar um ein logisches Problem dreht, und Du widerlegst ihn mit logischen Argumenten, so wird sie Dir den nächsten Missstand an den Kopf werfen, der ihr einfällt – ihr eigentlicher Streitgrund wurde ja nicht betrachtet, ihr eigentliches Bedürfnis wurde nicht gestillt. Ein Teilnehmer meiner Seminare hat das bei einer Reflexion wunderbar geschildert: wie ein Streit losgebrochen ist, weil sich so viel angestaut hatte, und sie einige Zeit gestritten haben, bis er bemerkt hat, dass das, was seine Frau als Grund genannt hat, überhaupt nicht der Auslöser des Streits war. Als er das erkannt hatte und auf den wirklichen Grund eingehen konnte, ist dem Streit die Luft ausgegangen.

Genau darum geht es, wenn Du Dich in einen Streit verwickelt siehst: Versuche, die Situation von oben zu sehen. Schau, wo Deine Partnerin ist, worum es ihr geht, ob es echte, sachliche Probleme sind oder ob eine Verletzung dahinter steckt. Finde zuerst heraus, wo sie steht, geh zu ihr hin, zeige Verständnis für ihre Situation und hilf ihr dann heraus, nimm sie auf die andere Seite mit. Dazu gehört natürlich auch, dass Du Deinen Anteil an ihrem Ärger oder ihrer Angst erkennst und mit ihr darüber sprichst, was Du verbessern kannst. Gib auch zu, wenn Du schuld bist oder unrecht hast. Viele Frauen beklagen sich, dass Männer das nicht können. Lerne auch, einmal etwas stehen lassen zu können, die Unterschiedlichkeit der Meinungen akzeptieren zu können.

Ebenso solltest Du auch immer bewusst streiten, wenn Du selbst den Streit vom Zaun gebrochen hast. Ich weiß, das ist leichter gesagt als getan, aber es ist möglich. Selbst wenn man schon mitten drin ist, kann man – wenn es einem dann plötzlich bewusst wird – schlucken und sich sozusagen am eigenen Schopf aus dem Sumpf ziehen. Mir ist das am Anfang, als ich bewusst zu streiten begonnen habe, immer wieder passiert – mitten in einem Streit, der schon zu eskalieren drohte, wurde mir plötzlich klar, dass es mir in Wahrheit gar nicht um das ging, worum ich gerade gestritten hatte, sondern um meine verletzten Gefühle. Und wenn ich dann tief durchgeatmet hatte, konnte ich meistens offen sagen, was wirklich los war.

Mit der Zeit lernt man so, um die eigentlichen Ursachen zu streiten. Ich meine damit natürlich nicht, ganz abgehoben zu werden, keine Emotionalität mehr zu zeigen und nur noch kühl zu analysieren. Emotionen sind da und es ist wichtig, sie auch zuzulassen. Doch genauso wichtig ist es, bewusst zu streiten, damit Eure Streits der Vertiefung Eurer Beziehung dienen. Es ist wichtig, sich bewusst zu sein, warum man streitet, wie viel auf dem Spiel steht, ob es sich um einen Wutausbruch handelt oder ob der Streitpunkt wirklich wichtig ist, ob ich mich überhaupt um das streite, was mich wirklich stört. Weiter ist wichtig, sich über das Ziel klar zu werden, es im Auge zu behalten und nur dann zu streiten, wenn es wirklich einen Grund dafür gibt, sei es jetzt ein logisches oder ein Beziehungsproblem. Wenn Du jedoch schlecht gelaunt bist, weil in der Firma etwas schief gelaufen ist, ist ein Streit mit Deiner Partnerin nicht die richtige Art des Abreagierens – dafür ist ein Sandsack oder ein Squashcourt besser geeignet. Kämpfe auch immer bedachtsam und treibe Deine Partnerin nicht unfair in die Enge, sondern lass ihr Platz zum Kämpfen. Demütigung führt nur zur totalen Verweigerung oder zum totalen Kampf. Vermeide daher, Deine Partnerin zu kränken oder herabzusetzen, auch wenn es noch so verlockend ist und Dir kurzfristig scheinbar einen besseren Stand einbringt. Dein Ziel eines Streits sollte nicht sein, Deine Partnerin zu besiegen, sondern das Problem zu lösen, egal ob es sich um ein logisches oder emotionelles Problem handelt – denn damit habt Ihr beide gewonnen!

## 19. Jeder denkt nur an sich – nur ich denk an mich!

Dieser uralte Scherz stimmt leider nur allzu oft überhaupt nicht. Viele Männer denken nicht wirklich an sich, sprich, sie schauen nicht darauf, was ihnen gut tut. Ja oft wissen sie gar nicht, was ihnen gut tut und was sie brauchen! Und noch weniger Männer denken insoweit an sich, dass sie auch wirklich tun, was sie wollen und dabei für ihr Leben die volle Verantwortung übernehmen. Stattdessen schieben sie diese Verantwortung auf andere ab und meinen dann auch noch, die anderen seien egoistisch.

Schauen wir uns zunächst einmal die Sache mit dem Egoismus an. Fangen wir mit einem kleinen Experiment an. Denke fest an einen Menschen, den Du sehr liebst, an jemanden, der Dir sehr nahe steht. Und dann sag in Gedanken zu diesem Menschen: „Ich würde lieber glücklich sein, als Dich zu haben." Wie geht es Dir mit dieser Aussage? Bleibt Dir, wie so vielen anderen auch, der Atem weg? „Ich würde lieber glücklich sein, als Dich zu haben. Wenn ich wählen müsste zwischen Dir und meinem Glück, würde ich mich fürs Glücklichsein entscheiden." Die meisten Menschen erschrecken bei diesem Gedanken. Die meisten denken: „So egoistisch kann ich nicht sein, darf ich nicht sein!"

Aber ich sage: Blödsinn! Wieso soll das denn egoistisch sein? Schauen wir uns doch den umgekehrten Weg an: Dein geliebter Mensch sagt zu Dir: „Ich will, dass ich Dir wichtiger bin als Dein Glücklichsein. Ich will, dass Du bei mir bleibst, auch wenn Du dabei permanent unglücklich bist!" Wie geht es Dir mit dieser Aussage? Fühlst Du Dich auch so eingesperrt? Denkst Du nicht sofort: „Wie kannst Du nur so egoistisch sein und verlangen, dass ich Dich über mein Glück stelle?“ Und mit Recht, denn das ist wirklich egoistisch! Es ist nicht egoistisch, wenn ich das tue, was ich für mich für richtig halte – es ist sehr wohl egoistisch, wenn ich von jemand anderem verlange, dass er das tut, was ich von ihm will; dass er tut, was für mich richtig ist, egal ob es auch für ihn passt!

Ja, ich weiß, wenn man das das erste Mal so hört, dann widerstrebt einem das. „Das kann doch nicht sein, dass jeder tun kann, was er will, das ist natürlich egoistisch, das geht einfach nicht! Wo kommen wir denn da hin, wie soll denn da eine Gesellschaft funktionieren, wenn jeder nur an sich denkt!“ – solche und ähnliche Einwände fallen den meisten Menschen ein. Das kommt vermutlich daher, dass wir schon als Kind hören: „Das kannst Du mir doch nicht antun – so egoistisch kannst Du doch nicht sein.“ Diese Verdrehung der Tatsachen nehmen wir als Wahrheit an. Wir hören so oft, es sei furchtbar egoistisch, wenn wir unseren Weg gehen. Gleichzeitig lernen wir, wie normal und ok es ist, wenn andere von uns verlangen, dass wir uns nach ihren Wünschen richten. So geht uns beides in Fleisch und Blut über.

Doch man kann nur ein Wilder Mann werden, wenn man seinen Weg geht. Und dazu gehört eben auch, dass man weiß, was man will, und auch dazu steht. Und es dann auch tut, so behutsam wie möglich und doch bestimmt. Menschen, die an sich selbst denken, die tun, was sie wollen, sind nicht egoistisch. Wenn sie dabei ohne jegliche Rücksicht andere auf ihrem Weg niedertrampeln, so sind sie rücksichtslos und brutal. Wenn sie durch den Blick auf sich selbst alle anderen aus den Augen verlieren, werden sie wohl bald alleine dastehen. Wenn es ihnen völlig egal ist, wie es anderen mit dem geht, was sie tun, ist das moralisch und sozial bedenklich. Aber egoistisch sind sie nicht. Egoistisch bist Du dann, wenn Du von anderen – zum Beispiel Deiner Partnerin – verlangst, dass sie von ihrem

Weg abweichen, weil Du es willst. Wenn Du von ihnen verlangst, dass sie Dinge für Dich tun, egal ob sie es möchten.

Nehmen wir ein Beispiel, das mir ein Bekannter vor einigen Wochen erzählt hat. Seine Frau betreibt viel Sport, weil es ihr wichtig ist und ihrem Körper gut tut. Ist das egoistisch? Nein, sie achtet auf sich und ihren Körper. Er jedoch leidet darunter, weil sie deswegen nicht so oft Zeit für ihn hat. Er sagt es ihr und sie erklärt ihm, dass sie das braucht, und betreibt weiter ihren Sport. Ist das nun egoistisch? Nein, es ist ihre Entscheidung und ihr Weg. Sie hat diese Entscheidung (hoffentlich) in dem Bewusstsein getroffen, dass sie ihrem Mann damit weh tut und das Risiko eingeht, dass er mit dieser Entscheidung nicht umgehen kann und sie ihn verliert. Es ist vielleicht eine harte Entscheidung, aber keine egoistische. Nun, er leidet immer mehr darunter und beginnt ihr Vorwürfe zu machen und verlangt von ihr, den Sport einzuschränken. Ist das nun egoistisch? Dass er von ihr verlangt aufzuhören? Ja! Denn er will, dass sie etwas tut, damit es ihm besser geht. Vielleicht sagt er aber auch: „Ich leide unter Deinem vielen Sport, weil ich viel alleine bin. Ich werde diese Zeit jetzt für ein neues eigenes Hobby nutzen. Dass das für unsere Beziehung auf Dauer gut ist, glaube ich jedoch nicht." Ist das auch egoistisch? Nein, denn jetzt handelt er selbst und zeigt nur Konsequenzen auf. Sie hat wiederum die Möglichkeit, darauf zu reagieren, zum Beispiel andere Zeiten besonders intensiv mit ihm zu verbringen.

Du wirst Dir jetzt vielleicht denken: „Das ist aber spitzfindig! Wo ist denn da der Unterschied, ob er ihr sagt ‚Hör auf damit' oder ‚Ich weiß nicht, wie lange ich das noch mitmache'?" Aber das ist nicht kleinlich, sondern es ist ein riesiger Unterschied, nämlich die Frage der Verantwortung! Wenn Du Deiner Frau sagst „Du musst für mich damit aufhören", dann gibst Du ihr die Verantwortung über Dein Leben. Dann machst Du sie dafür verantwortlich, dass Du leidest. Aber sie ist nicht dafür verantwortlich! Natürlich ist ihre Handlung der Auslöser, doch ob Du leidest oder nicht, entscheidest in Wirklichkeit immer noch Du selbst. Ein anderer Mensch würde das Gleiche vielleicht ganz locker nehmen. Es liegt also bei Dir. Und so ist es viel klarer, auch hier in Ich-Botschaften zu sprechen: „Es tut mir weh. Ich weiß nicht, wie lange ich diesen Schmerz noch aushalten will." Damit übernimmst Du die Verantwortung für Dein Gefühl und gleichzeitig für Dein Leben. Und Du zeigst Deiner Frau Konsequenzen auf, mit denen wiederum sie für sich umgehen muss.

Natürlich hat die herkömmliche Sicht ihren Charme. Es ist damit viel leichter, Verantwortung abzuschieben. Wenn ich nicht das tun darf, was ich will, weil ich dann egoistisch bin, dann kann ich dem anderen die Schuld geben, dass ich nicht so lebe, wie ich möchte. Auch wenn mir in Wirklichkeit der Mut fehlt. Außerdem kann ich andere viel leichter steuern. „Das darfst Du doch nicht, das ist doch total egoistisch" – allein das Argument und vielleicht noch ein bisschen Druck auf das schlechte Gewissen reichen meistens, den anderen daran zu hindern, seinen Weg zu gehen. Kein Egoismus ist es zu tun, was man für richtig hält – der Hauptgrund für den starken Widerspruch gegen diese Aussage liegt nach meiner Überzeugung im Verlust der Manipulierbarkeit! Viele Menschen sind über ihr schlechtes Gewissen manipulierbar – und wenn sie keines mehr haben müssen, dann besteht diese Steuerungsmöglichkeit nicht mehr. „Dann kann ich meine Partnerin ja viel weniger beeinflussen" – das ist es, wovor viele Angst haben!

Doch das Feuerpaar geht nicht so miteinander um. In der Beziehung des Feuers wird nicht manipuliert, sondern gelebt! Die Wolfsfrau und der Wilde Mann teilen ihr Leben miteinander, weil sie es wollen. Und natürlich stapft nicht jeder seiner Wege, ohne darüber nachzudenken, ob das jetzt dem anderen weh tut. Natürlich gehen sie behutsam miteinander um, stehen einerseits zu dem, was sie wollen, und schließen andererseits dem anderen zuliebe Kompromisse. Doch auch diese gehen sie ein, weil sie es wollen und nicht weil sie müssen, sich gezwungen fühlen! Sie sind beide frei und geben einander Freiheit und Geborgenheit. Sie schauen auf sich, ohne dabei auf den anderen zu vergessen. Sie übernehmen jeder für sich die Verantwortung für ihr eigenes Leben und spüren sich doch auch dem anderen zutiefst verbunden.

Der Wilde Mann hat den falschen Egoismus abgelegt. Er achtet auf seine Bedürfnisse und übernimmt die Verantwortung für sich. Er ist klar und einschätzbar, er hat Ecken und Kanten. An diesen stößt sich die Wolfsfrau vielleicht manchmal, aber vor allem kann sie sich daran anhalten. Gerade diese Klarheit, dieses „ich weiß, was ich will" wünschen sich viele Frauen von ihren Männern. Denn das ist der nächste Schritt nach dem Ablegen des falsch verstandenen Egoismus: die klare Übernahme von Verantwortung – oder die ebenso klare Ablehnung. Damit hört das Jammern und Raunzen über alles und nichts auf, das man bei so vielen Männern erlebt.

Wenn Du ein Wilder Mann bist, wenn Du zu Dir stehst und das tust, was Du willst, dann wirst Du in Deiner Mitte ruhen. Natürlich, manchmal wirst Du nicht glücklich sein, mit dem was Du tust. Manchmal kannst Du nur mehr zwischen zwei Möglichkeiten entscheiden, die Du eigentlich beide nicht willst, aber Du musst das kleinere Übel wählen. Doch auch dabei wirst Du – so paradox das klingen mag – zufrieden sein, denn Du hast gewählt. Du hast Dich bewusst für jene Möglichkeit entschieden, die Dir besser erscheint. Selbst wenn keine dieser Möglichkeiten für Dich anziehend war, so hast Du doch Dein Bestes getan und bist Dir treu geblieben. Schon im Talmud – einer der ältesten und wichtigsten religiösen Schriften – steht (sinngemäß): „Uns ist es nicht gegeben, die Umstände unseres Lebens zu bestimmen. Uns ist es sehr wohl gegeben, das Beste daraus zu machen!“ Und genau das hast Du in diesem Fall getan. Du hast die Dinge, die Du nicht verändern kannst, akzeptiert und unter den gegebenen Umständen das Beste daraus gemacht. Du hast agiert, Deinen Schritt gesetzt und die Verantwortung für Dein Leben übernommen.

Natürlich heißt das nicht, dass Du auf niemand anderen mehr zu schauen brauchst. Du bist ja nicht nur für Dich alleine verantwortlich, sondern hast auch anderweitig Verantwortung übernommen, gegenüber Deinen Kindern zum Beispiel. Du wärst kein Wilder Mann, sondern ein mieser Macho, wenn Du Deine Verantwortungen einfach fallen lässt. Doch erst nach der klaren Übernahme der Verantwortung für Dich selbst kannst Du auch klar Stellung beziehen zu all Deinen anderen Verantwortungen. Du wirst sie übernehmen oder verändern, ohne herumzulavieren oder Dich hin und her zu winden. Und genau diese Klarheit wünschen sich Frauen.

Durch das Auf-Dich-Schauen und In-Dich-hinein-Hören bekommst Du auch tiefere Wurzeln und einen festeren Stand. Du weißt, wer Du bist, und Du weißt, was Du willst. Du tust dafür, was Dir möglich ist – und so ruhst Du in Deiner Mitte und bist mit Dir zufrieden, selbst wenn Du nur einen Teil von dem erreicht hast, wonach Du strebst. Dadurch kannst Du auch Deiner Partnerin Freiheit lassen, da nicht alles, was sie tut, Dich sofort aus dem Gleichgewicht bringt. Du kannst gelassener bleiben, auch in Zeiten der Krise. Und Du musst nicht überall Gefahr wittern und Deine Gefährtin „beschützen“, um nicht zu sagen, einsperren. Du tappst nicht in die Falle Eifersucht, Du kannst Deiner Partnerin vertrauen und mit ihr die Beziehung des Feuers leben. Du bist frei und sie ist frei –

und in dieser Freiheit geht Ihr miteinander durchs Leben.

Gerade gegenseitiges Einsperren und Misstrauen zerstören viele Beziehungen. Einander Freiraum lassen, das Ich und das Du genießen und damit das Wir stärken – das ist unbedingt notwendig, damit eine Beziehung gelingen kann. Der Erzfeind der Liebe ist die Eifersucht. Ich meine natürlich nicht jenes kleine Maß an Vorsicht, wenn Du Deiner Partnerin sagst: „Ich wünsche mir, dass Du mir treu bist." Dies ist wichtig, denn sonst könnte leicht das Gefühl aufkommen, Dir sei egal, was sie tut. Doch übertriebene oder gar krankhafte Eifersucht, wenn hinter jedem Telefonat und hinter jeder Stunde, von der man nicht weiß, was die Partnerin tut, sofort eine Verletzung der Treue vermutet wird, ist der Tod jeder Beziehung. Hinter dieser Eifersucht steckt echter, blanker Egoismus, denn dabei wird nicht nur von der Partnerin verlangt, dass sie das tut, was man will. Ein eifersüchtiger Mann sieht seine Frau in Wirklichkeit als sein Eigentum an, er objektiviert sie, sie gehört ihm. Er will, dass sie nur mit ihm glücklich ist, dass sie mit niemand anderem etwas Schönes erlebt – nicht einmal ein gutes Gespräch. Er sieht seine Beziehung mit ihr permanent als gefährdet. In Wahrheit hat er wenig Selbstwertgefühl, was meistens aus einem Verlust in der frühen Kindheit herrührt. Er kann nicht glauben, dass seine Frau ihm freiwillig treu ist und sich für ihn entscheidet, weil sie es will. So paradox es klingen mag: Obwohl er total egoistisch ist, schaut er nicht auf sich, kennt sich nicht, weiß nicht, wer er ist und was er will. Er weiß bloß, was er nicht will, wovor er Angst hat – und darauf verschwendet er seine gesamte Energie. Noch paradoxer ist, wenn der Mann bei all dem mit zweierlei Maß misst und für sich selbst die totale (sexuelle) Freiheit in Anspruch nimmt.

Die Beziehung des Feuers, dieses In-Freiheit-miteinander-Leben, der gemeinsame Lebenstanz ist ein Geschenk, das nur durch gegenseitige Achtung, gegenseitigen Respekt, durch Treue und Vertrauen möglich ist. Lebt miteinander, liebt einander, achtet einander, geht behutsam mit Euch um, respektiert Euch, vertraut Euch, bleibt Euch gegenseitig und auch Euch selber treu – seid ein Feuerpaar!

## 20. Kinder – Geschenk und Aufgabe

Kinder bringen Leben ins Haus, viel Freude, viel Wirbel, viel Arbeit, viel Spaß, viel Liebe, viel Verantwortung, viele Sorgen. Kinder sind ein Geschenk – meistens für beide, Vater und Mutter. Und Kinder sind eine Aufgabe – oftmals nur für die Mutter.

Ich möchte gleich vorwegschicken, dass ich hier nicht aus direkter eigener Erfahrung sprechen kann, da es mir nicht gegeben war, Kinder zu bekommen. Doch ich habe sechs Nichten und Neffen, die ich aufwachsen sehen darf. Und ich habe viele Freunde mit Kindern und erlebe zuweilen hautnah mit, was das bedeutet. Letztlich habe ich auch von den Teilnehmern meiner Seminare und meinen Interviewpartnerinnen viel erfahren. Alles zusammen untermauert meine obige Aussage.

Eine Frau hat mir erzählt: „Mein Mann ist mein viertes Kind. Statt dass er mich unterstützt, muss ich mich um ihn noch zusätzlich kümmern.“ Mit dieser Aussage steht sie keineswegs allein da. Viele Frauen wünschen sich, dass ihr Partner endlich erwachsen wird und seine Verantwortung gegenüber seinen Kindern wahrnimmt. Dass er das Geschenk, das er in ihnen hat, erkennt und vor allem die Aufgabe, die sie gleichzeitig sind, ausfüllt.

Bei den meisten Männern krankt es hier bereits an der Präsenz. Wir leben immer noch (oder immer mehr?) in der vaterlosen Gesellschaft. Viele Männer gehen in der Früh aus dem Haus und kommen abends spät heim. Manche erleben ihre Kinder unter der Woche nur schlafend. Andere kommen zwar früher heim, aber sie sind müde und schlecht gelaunt von der Arbeit. Sie wollen ihre Ruhe haben, für die Kinder ist kein Platz. Wenige Männer spielen am Abend mit ihren Kindern und beschäftigen sich mit ihnen. Nur eine kleine Minderheit kümmert sich wirklich um ihre Kinder, lernt mit ihnen oder wickelt sie, kocht für sie und macht sie für das Bett fertig.

Bei der neuesten österreichischen Männer-Studie von Prof. Paul Zulehner haben 25% aller Männer angegeben, dass sie hin und wieder ihre Aufgabe den Kindern gegenüber auch durch solche Tätigkeiten wahrnehmen. Dieser geringe Wert geht noch dazu auf die Selbsteinschätzung der Männer zurück! Leider wurde das Fremdbild durch die Frauen nicht abgefragt, doch meine Interviews und Erfahrungen in meinem Umfeld legen einen noch viel geringeren Prozentsatz nahe. Kein Wunder, dass die Frauen hier nicht zufrieden sind.

Doch eigentlich sollten auch wir Männer unzufrieden sein! Denn wir bringen uns und unsere Kinder um sehr, sehr viel. Denk doch einmal an Kapitel 7 und Deine Vater-Beziehung zurück. Du hast wahrscheinlich einiges entdeckt, was Du Dir von Deinem Vater anders und vermehrt gewünscht hättest. Und nun sieh Dein Vater-Sein unter diesem Licht! Wie sehr bist Du für Deine Kinder da? Wie viel spüren sie von Dir, Du von ihnen? Weißt Du, was Deine Kinder bewegt, kennst Du ihre Träume und Wünsche, Sehnsüchte und Ängste? Bist Du ihr Vater oder bloß der, der das Geld nach Hause bringt und hin und wieder mit ihnen schimpft, wenn ihm etwas nicht passt?

Sowohl für Deine Kinder als auch für Dich ist sehr wichtig und bereichernd, wenn Du sie aktiv auf ihrem Weg ins Leben begleitest und unterstützt. Und dazu gehört nun einmal in erster Linie, für sie auch präsent zu sein. Manche Männer realisieren erst durch ihre Scheidung, dass sie sich kaum mit ihren Kindern beschäftigt haben. Manche haben mit den Kindern nach der Scheidung trotz Besuchsregelung mehr und besseren Kontakt als vorher – weil sie die Stunden, die sie mit ihren Kindern beisammen sind, endlich wirklich nutzen! Durch die Trennung haben sie erstmals das Geschenk, das ihre Kinder sind, auch wirklich angenommen. Nutze die Zeit, die Du mit Deinen Kindern hast. Dies gilt auch für Kinder, die Deine Partnerin mit in die Beziehung gebracht hat. Ihnen kannst Du ein väterlicher Freund sein.

Ein Kind ist der entscheidendste Eingriff in eine Beziehung, den es überhaupt gibt – vor allem das erste. Es ändert sich einfach alles. Vorher wart Ihr nur zu zweit, konntet Euch voll und ganz einander zuwenden. Es war relativ einfach, spontan und flexibel zu sein. Plötzlich ist da ein kleines, unbeholfenes Wesen, das Schutz und Zuwendung braucht, das die ungeteilte Aufmerksamkeit fordert und zum Teil auch benötigt. Viele Männer können nur schwer damit umgehen, dass sie nicht mehr im Mittelpunkt des Interesses der Partnerin stehen. Anstatt sich ebenfalls dem Kind zuzuwenden, werden sie auf es eifersüchtig. Selbst die Männer, die sich wirklich auf ihre Kinder einlassen, müssen diesen massiven Einschnitt in die Beziehung erst einmal verdauen. Doch wenn man richtig damit umgeht, so ist diese Herausforderung auch eine große Chance für die Beziehung. Kinder sind eine Bereicherung und eine Aufgabe zugleich. Wenn Ihr diese Aufgabe gemeinsam übernehmt, wird auch Eure Beziehung bereichert.

Die Bedürfnisse eines Kindes hängen vom Alter ab. Als Baby braucht Dein Kind sicher mehr Zuwendung und Pflege von Deiner Partnerin. Doch auch Du kannst vielfältig beitragen. Ich meine hier nicht nur Windeln wechseln, füttern, in der Nacht aufstehen und die Flasche geben. In dieser Phase ist die Mutter oft mit dem Kind den ganzen Tag zusammen, meist auch noch alleine. Nach einem Tag voll Fürsorge wünscht sie sich etwas Freiheit und freut sich darauf, dass Du ihr das Kind eine Zeitlang abnimmst. Du unterstützt Deine Partnerin am meisten, wenn Du oft genug früh heimkommst, Dich um das Kind kümmerst und ihr Freiraum ermöglichst. Gib ihr die Chance, etwas Luft zu haben und sich auch einmal um sich selbst zu kümmern. Auch eine Frau mit Kindern ist eine Frau. Richte es so ein, dass Deine Partnerin auch immer wieder alleine etwas unternehmen kann. Dass sie hinauskommt und anderes erlebt als Babywäsche – natürlich nur, wenn sie es möchte. Achte auch darauf, dass Ihr öfter als Paar etwas unternehmen könnt. Vielleicht gibt es Großeltern, die sich freuen, ein paar Stunden auf das Baby aufzupassen. Oder Du engagierst stundenweise ein Kindermädchen oder eine Leihoma.

Neben der Unterstützung bei der Babybetreuung wünschen sich viele Frauen in dieser Phase vom Partner besonders viel Kommunikation und Gespräch. Kein Wunder, denn sie haben den ganzen Tag dafür wenig Gelegenheit. Sprich mit Deiner Frau, erzähl ihr von Deinem Tag, jetzt mehr denn je. Lass sie teilhaben an dem, was Du erlebt hast und was Dich beschäftigt. Hör ihren Erzählungen zu, spüre dem nach, was sie bewegt. Freue Dich mit ihr über Fortschritte, die Euer Kind gemacht hat. Teile ihre Sorgen und Probleme. Hab Verständnis für ihre Situation und fordere auch ihr Verständnis für Deine Situation ein.

Wenn Euer Kind größer wird, geht es mehr darum, dass Du eine wirkliche Beziehung zu ihm aufbaust. Damit entlastest Du Deine Partnerin. Sie ist dann nicht alleine für die Entwicklung und Erziehung zuständig. Sie ist auch nicht alleinige Ansprechpartnerin für die Träume und Sorgen des Kindes. Spiel mit Deinem Kind, bring ihm etwas bei, bastle mit ihm. Wenn es in die Schule kommt, so lern auch mit ihm, unterstütze es bei den Hausaufgaben. Schau Dir an, was es gezeichnet oder geschrieben hat, und lobe es, wenn es etwas gut gemacht hat. Teile seine Sorgen, auch wenn sie Dir klein vorkommen mögen. Führe und leite Dein Kind. Wenn Du darüber hinaus noch etwas Besonderes für Dein Kind und Deine Partnerin tun willst, dann wage Dich auf Domänen vor, die kaum ein Mann je betritt: geh in (Teilzeit-)Karenz, besuche einen Elternabend im Kindergarten, geh auf einen Sprechtag in der Schule. Zeige Deinem Kind und allen anderen, dass Du wirklich Interesse an ihm hast. Viele Beispiele belegen, wie sehr sowohl das Kind als auch die Partnerin das schätzen. Sei nicht bloß Sonnenschein-Vater, der nur mit dem Kind spielt oder Schönes unternimmt. Sei auch nicht der Vollstrecker, der herangezogen wird, wenn die Mutter sich bei der Erziehung nicht mehr zu helfen weiß. Lebe eine vollständige Beziehung mit Deinem Kind. Sei Dir im Klaren darüber, dass Kinder immer mehr fordern, als man ihnen geben kann, und dass es nie genug sein kann, vor allem solange sie klein sind. Doch ihre strahlenden Augen und ihre Freude, wenn Du nach Hause kommst, werden Dich für Deine Mühsal entschädigen.

Sprich mit Deiner Partnerin über ihre Vorstellung von Erziehung und über Deine. Dies gilt in besonderem Maße, wenn es um Kinder geht, die nicht die Deinen sind, sondern die Deine Partnerin in Deine Beziehung mitgebracht hat. Versucht Euch zu einigen und eine gemeinsame Vorgehensweise zu finden. Fallt Euch nicht in den Rücken, indem einer Ja und der andere Nein sagt, wenn Euer Kind etwas will. Über nichts wird in Beziehungen so häufig gestritten wie über Erziehungsfragen. Ich sehe so oft, wie Paare, die sonst sehr harmonisch miteinander umgehen, sich wegen der Kinder in die Haare kriegen. Die Auslöser für solche Streits sind vielfältig, es geht jedoch letztlich immer um fehlende gegenseitige Unterstützung und fehlende gemeinsame Ausrichtung. Gerade für Streits um scheinbare Kleinigkeiten in der Kindererziehung ist in Wirklichkeit oftmals die emotionale Enttäuschung über Im-Stich-gelassen-Werden, Nicht-unterstützt-Werden oder Nicht-ernst-genommen-Werden der eigentliche Grund.

Lebt Eurem Kind das Feuerpaar vor, lasst es durch Euer Vorbild lernen, wie eine glückliche Beziehung gelingen kann. Die Wolfsfrau und der Wilde Mann sind Mutter und Vater und bleiben dennoch das Feuerpaar – ganz im Gegensatz zur Generation unserer Eltern, die sich oftmals gegenseitig nur mit Papa und Mama angesprochen haben und bei denen man vermuten musste, dass sie den richtigen Namen ihres Gegenübers gar nicht mehr wissen. Das Feuerpaar bleibt ein Paar und nimmt zusätzlich die Elternrolle wahr. Nehmt Euch daher auch Zeit für Euch und zeigt Eurem Kind, wie wichtig das ist. Tauscht auch vor dem Kind Zärtlichkeiten aus, bleibt ein Paar, bleibt Mann und Frau und mutiert nicht zu bloßen Eltern.

Je älter Dein Kind wird, desto mehr braucht es von Dir adäquaten Freiraum, Leitung und Unterstützung. Geh im richtigen Maße ab von Vorschriften und Vorgaben, hin zu Rat und Begleitung. Sei Deinem Kind auch Reibebaum, an dem es sich messen kann. Wenn es an der Zeit ist, dann hilf ihm, flügge zu werden, lass es los und bleibe sein Mentor. Unterstütze Dein Kind auf seinem Weg zum Wilden Mann oder zur Wolfsfrau!

## 21. Das bisschen Haushalt

Einer der wichtigsten Punkte in einer Beziehung ist die gegenseitige Wertschätzung. Natürlich steht dabei im Vordergrund die Liebe, die Hochachtung der Partnerin als Person und Gefährtin. Doch dazu gehört auch die Wertschätzung all dessen, was die Partnerin tut. Es geht um ihren Beruf, ihre Hobbys, ihre Träume und Wünsche, ihre Ziele und Visionen. Wertschätzen heißt dabei nicht, dass Du alles genau so sehen musst wie sie oder gar genauso begeistert davon sein musst. Wertschätzung meint, es als Wert zu sehen, als Teil von ihr, und dem prinzipielles Wohlwollen entgegen zu bringen. Viele Männer tun genau das Gegenteil, belächeln alles, was ihre Frauen anfangen, oder – noch schlimmer – sie verhalten sich abschätzig. Da ist nichts spürbar vom Fördern und Unterstützen der Partnerin. Dass Frauen dies nicht glücklich macht, liegt auf der Hand.

Vieles, was Frauen glücklich macht, hat nicht direkt mit einer Partnerschaft zu tun: Selbstverwirklichung, Kreativität, Beruf, Natur, Verbundenheit mit anderen und einiges mehr. Bei all dem ist es wichtig, dass Du Deiner Partnerin nicht im Weg stehst oder sie gar daran hinderst. Im Gegenteil, es geht darum, sie zu unterstützen, sie vielleicht sogar zu fördern und sie dabei zu begleiten, ihr Wegbegleiter zu sein. Deine Wolfsfrau wird ihren Weg nicht auf Kosten Eurer Beziehung gehen, sondern Euch durch ihre Erfahrungen bereichern. Vertraue ihr, gönne ihr ihren Erfolg, freu Dich mit ihr. Gib ihr die Zeit und den Raum, den auch Du Dir von ihr wünschst. Achte und respektiere all ihre Schritte – dort wo sie Dir wehtun, weil Du vielleicht um den Fortbestand Eurer Beziehung fürchtest, sag es ihr klar, offen und deutlich. Wähle nicht den Umweg, ihr Vorhaben lächerlich zu machen, damit würdest Du sie nur noch sicherer verlieren. Schenke ihrem Tun und damit ihr selbst Deine Wertschätzung.

Besondere Aufmerksamkeit verdient dabei jenes Tun, das sie für Eure Beziehung leistet. Laut der schon erwähnten Zulehner-Studie leisten Frauen die Hauptarbeit für die Beziehung. Sie sind – aus der Sicht der befragten Männer, noch viel stärker aber aus der Sicht der befragten Frauen – zuständig für das Familienglück. Sie kümmern sich um die Kommunikation, um das beiderseitige Wohlbefinden, um gemeinsame Unternehmungen, um die Anbahnung einer Versöhnung nach einem Streit und um die Gemütlichkeit. All das sind interessanterweise Punkte, die sich meine Interviewpartnerinnen von ihren Männern wünschen. Sie wünschen sich einerseits, dass ihr Mann sich selbst mehr um diese Beziehungsarbeit kümmert, und andererseits, dass er wenigstens wertschätzt, was sie für die Beziehung leisten. Denn – so erzählen mir die Frauen – viele Männer finden es nicht nur nicht notwendig, selbst auch einmal z.B. eine Versöhnung herbeizuführen. Im Gegenteil, sie halten es noch dazu für absolut selbstverständlich und nicht der Rede wert, dass das immer ihre Frauen tun. Gerade diese Geringschätzung dessen, was Frauen für die Beziehung leisten, trägt zu vielen Spannungen bei.

Ein besonders krasser Punkt ist der Haushalt. In den letzten Jahrzehnten gab es mehrfach Kampagnen, die hier bei den Männern ein Umdenken schaffen sollten. „Ganze Männer machen Halbe-Halbe!“, so ein Slogan, der vor einiger Zeit in Österreich durch alle Medien gewandert ist. Vergleichswerte danach haben gezeigt, dass es scheinbar eine wesentliche Verbesserung gegeben hat. Doch die Realität schaut offenbar anders aus!

Die Frauen, mit denen ich gesprochen habe – und zwar

nahezu alle! –, sind weit davon entfernt, sich von ihren Männern Halbe-Halbe zu wünschen. Das liegt soweit außerhalb ihrer Realität, dass sie es kaum in Erwägung ziehen. Die Wünsche sind ziemlich bescheiden und werfen gerade dadurch kein gutes Licht auf uns Männer. Auf die Frage „Was wünschen Sie sich von ihrem Partner in Punkto Haushalt?“ bekomme ich lauter Antworten wie „dass er sich die Schuhe abputzt“, „dass er seine schmutzige Wäsche nicht im ganzen Haus verteilt, sondern auf einen Platz legt, damit ich sie vor dem Waschen nicht auch noch suchen muss“, „dass er nicht alles herumliegen lässt“, „dass er auch einmal den Tisch abräumt“, „dass er nicht gerade dort, wo ich soeben frisch geputzt habe, gleich wieder Dreck macht“ und Ähnliches. Eigentlich doch lauter Selbstverständlichkeiten – sollte man meinen. Selten gehen die Wünsche dann weiter in Richtung Beteiligung: „dass er hin und wieder kocht“, „dass er mir hilft“, „dass er Teile der Haushaltsaufgaben selbstständig übernimmt“ scheint schon das Höchste der Gefühle zu sein. Und fast alle Frauen äußern in der einen oder anderen Form den Wunsch, dass ihr Partner die viele Arbeit, die sie im Haushalt leisten, wenigstens wertschätzen möge und ihnen das auch hin und wieder zeigen soll.

Darauf weiß man im ersten Moment gar nichts zu erwidern. Diese Wünsche implizieren ja, dass Männer so gut wie gar nichts tun und das auch noch als absolut selbstverständlich nehmen. Eine so schmerzhafte Fremdsicht passt mit der Eigensicht vieler Männer natürlich nicht zusammen. Aus eigener Erfahrung weiß ich allerdings, wie sehr die Eigensicht durch fehlendes Wissen getrübt sein kann. Ich habe in meiner 18 Jahre dauernden Ehe die oben genannten Grundanforderungen erfüllt. Und ich war zusätzlich der Meinung, dass ich nicht bloß die Grundanforderungen erfülle und ein bisschen zur Haushaltsarbeit beitrage, sondern ich dachte eigentlich, dass ich einen guten Teil davon übernommen habe. Nachdem wir uns getrennt hatten und ich alleine lebte, ist mir erst so richtig klar geworden, wie viel Arbeit ein Haushalt eigentlich wirklich ist! Ich habe alles selber gemacht – staubwischen, aufräumen, staubsaugen, Boden aufwischen, Bad reinigen, Fenster putzen, kochen, Wäsche waschen, bügeln, Blumen versorgen, einkaufen usw. – und dadurch erst gesehen, was alles zu tun ist und vor allem wie viel Zeit das erfordert. Heute kann ich nur sagen, ich war weit davon entfernt, die Hälfte der anfallenden Arbeit zu erledigen.

Ich kann jeder Frau nur einen Mann wünschen, der einmal alleine gelebt und den ganzen Haushalt alleine versorgt hat. Erst dann weiß Mann, was das bedeutet. Und erst dann kann Mann es zumindest wirklich schätzen – wenn er schon nicht einen guten Teil der Tätigkeiten übernimmt. So Du nicht einer von den Männern bist, die diese Erfahrung in ihrem Leben gemacht haben, schau einmal, was Deine Partnerin alles im Haushalt zu tun hat. Versuche es vom Aufwand und der benötigten Zeit halbwegs richtig einzuschätzen und dementsprechend zu achten. Am besten wäre natürlich, Du machst einmal eine Zeitlang alles selbst, damit Du diese Erfahrung nachholst. Denke dann auch daran, dass ein Teil dieser Arbeiten ausgelagert werden kann, dass es die Möglichkeit gibt, eine Putzfrau zu beschäftigen, und Deine Partnerin dann mehr Zeit für sich selbst und für Euch hat. Sei kein Mann, der sagt: „Was brauche ich eine Putzfrau, ich habe ja ohnehin meine Frau." Zeige Deiner Partnerin immer wieder, dass Du schätzt, was sie für Euch beide tut. Und wenn möglich, übernimm zumindest hin und wieder etwas von „dem bisschen Haushalt".

## 22. Die letzten 10 Zentimeter

Thema Nummer 1, wenn es um Beziehungen geht, ist der Sex – zumindest was die Männer betrifft. Viele Teilnehmer meiner Seminare sind hier mit ihrer Situation unzufrieden. Das Problem der meisten Männer lässt sich ganz einfach auf einen Nenner bringen: zu wenig Sex.

Viele Männer klagen darüber, dass ihre Frau so selten Lust habe, dass sie so oft zurückgestoßen werden, dass es in Punkto Sex keine Harmonie gibt. Sie können nicht verstehen, dass ihre Partnerin so wenig Sex will. Sie verbinden es mit einer Ablehnung ihrer Person, sie fühlen sich ungeliebt. In vielen Beziehungen ist diese Diskrepanz der gewünschten Sex-Häufigkeit ein permanent schmerzender Stachel. Und so herrscht landläufig bei den Männern (und auch bei einigen Frauen) die Meinung, Männer wollen halt viel öfter Sex als Frauen. Ich bin beim Zusammenstellen meiner Interviewfragen ebenfalls von dieser Meinung ausgegangen und wollte von den befragten Frauen die Hintergründe dafür wissen, warum sie so selten Sex wollen. Doch das (für mich anfangs verblüffende) Ergebnis lautet kurz zusammengefasst: Die meisten Frauen haben in Beziehungen das gleiche Problem – sie bekommen weniger Sex, als sie möchten!

Im ersten Moment ist das eine scheinbar unmögliche Situation: Die Männer klagen darüber, dass ihre Frauen so selten wollen, und die Frauen klagen darüber, dass sie so wenig Sex bekommen. Wie passt das zusammen? Nach längeren Diskussionen mit vielen Frauen ist mir klar geworden: Frauen wollen nicht weniger Sex als Männer – Frauen wollen anderen Sex!

Dass Frauen seltener Lust auf Sex haben als Männer, ist

ein weit verbreitetes Gerücht. Dieses wurde aber bereits durch mehrere wissenschaftliche Studien widerlegt. Die Resultate bezeugen, dass die „Lust-auf-Sex"-Kurven bei Frauen und Männern gegenläufig sind: mit 25 wollen Männer wesentlich mehr Sex als Frauen, mit 35 ist es gleich, mit 45 wollen Frauen viel öfter Sex als Männer! Warum erleben dann so viele Männer über 35 in ihrem Alltag, dass sie die letzten 10 Zentimeter zwischen sich und ihrer Partnerin im Bett nicht überwinden können? Weil Frauen andere Sexualität wollen als bloß den reinen, „sportlichen", körperlichen Akt. Weil Frauen auf den Sex, den viele Männer bieten, keine Lust haben. Weil sie sich nach anderem Sex sehnen.

Frauen leben ihre Sexualität viel ganzheitlicher, sinnlicher und sensibler. Für sie spannt sich da ein wesentlich größerer Bogen als für die meisten Männer. Ich erinnere mich noch gut an die großen Kampagnen in diversen Zeitschriften und Sachbüchern für das „Vor- und Nachspiel". Den Männern wurde eingehämmert, dass die Erregungskurven von Mann und Frau unterschiedlich sind, dass eine Frau länger braucht, um in Fahrt zu kommen, dass Mann ihr Zeit geben muss. Und auch das Danach wurde (wenn auch nicht so intensiv) betont, auch hier wurde versucht, den Männern zu zeigen, dass ein sofortiges Umdrehen und Einschlafen nach dem Sex von Frauen nicht gerade goutiert wird. All das hat sicher viel Gutes bewirkt und zu einer bewussteren Einstellung zur Sexualität beigetragen. Dennoch hat es am eigentlichen Dilemma wenig verändert, sonst gäbe es nicht nach wie vor so viele Paare, für die das Thema „Wer will wie oft" ein heißes Eisen ist. All diese Aufklärungskampagnen greifen meines Erachtens aus zwei einfachen Gründen zu kurz: Erstens beginnen sie erst im Bett und damit viel zu spät und zweitens haben sie – so paradox das klingen mag – viele Männer noch tiefer in das Dilemma hinein manövriert.

Für Frauen – das haben mir alle bestätigt – beginnt das Vorspiel nicht erst im Bett. Für sie beginnt – oder endet! – alles viel früher. Da Frauen ihre Sexualität ganzheitlich erleben und Sex für sie etwas ist, was sie leben und nicht hin und wieder tun, spielen alle Ebenen eine Rolle. Frauen möchten natürlich gern erobert werden. Aber wenn sie schon nicht nach allen Regeln der Kunst erobert werden, so wollen sie zumindest spüren, dass sie geliebt und wertgeschätzt werden. Somit trägt alles, was Du in den früheren Kapiteln gelesen hast, dazu bei, dass Deine Partnerin Lust verspürt – oder eben nicht.

Fehlende Kommunikation, Deine Partnerin anschweigen, ihr nicht wirklich zuhören, ihre Sorgen und Träume nicht ernst nehmen – all das stört auch die Verständigung im Bett. Im Gegensatz zu vielen Männern ist es den meisten Frauen auch unmöglich, sich nach einem Streit im Bett zu versöhnen. Wir Männer glauben oft, dass wir wortlos durch den Liebesakt das, was gewesen ist, wieder auslöschen und ungeschehen machen können. Die meisten Frauen brauchen jedoch vorher eine Versöhnung, sie wollen die Beziehung auf einer guten Basis wissen, ehe sie sich auf Intimität einlassen können. Sie brauchen Geborgenheit und Sicherheit und einen Mann, der zu seinem Standpunkt steht, aber auch ihren respektiert, sonst wird die Lust im Keim erstickt. Sie wollen spüren, dass sie wertgeschätzt werden, dass das, was sie tun, wichtig und ernst genommen wird, sei das nun bei den Kindern oder im Haushalt. Sie wollen als Person wahrgenommen und geachtet werden, sie möchten spüren, dass es ihrem Partner um sie geht und nicht bloß um die Befriedigung. Wenn ein Mann tagsüber abfällige Witze über dicke Frauen macht, darf er sich abends nicht wundern, wenn seine etwas stärkere Partnerin nicht glaubt, dass es ihm im Bett wirklich um sie geht. Frauen erleben Sexualität mit allen Sinnen und so wollen sie ein Ambiente, in dem alle ihre

Sinne Lust verspüren. Und dazu gehört nicht nur das schöne Schlafzimmer, sondern eben auch, wie die Stunden davor waren und wie es um die Beziehung insgesamt steht.

Ich habe meine Interviewpartnerinnen auch gefragt, was für sie die absoluten Liebestöter sind, was ihnen die Lust am Sex raubt. Neben den – mittlerweile hoffentlich banal gewordenen – Dingen wie Mundgeruch, Bier-, Wein- oder sonstiger Gestank, Tiger-Tangas und Socken im Bett wurde in erster Linie fehlende Lust durch fehlendes Umfeld genannt. Weiter fanden sich folgende Aussagen: „wenn es immer nach Schema F läuft", „wenn ich nicht das Gefühl habe, dass es ihm um mich geht", „wenn ich mich nicht wohl fühle in seinen Armen". Und der letzte große Punkt, der von vielen Frauen bemängelt wurde, ist die fehlende Zärtlichkeit.

So wie Männer sich bei zu wenig Sex zurückgestoßen fühlen, so geht es Frauen bei zu wenig Zärtlichkeit. Viele Frauen verstehen nicht, dass den Männern der Sex so wichtig ist. Und viele Männer sehen nicht ein, warum den Frauen die Zärtlichkeit so wichtig ist. Dabei geht es im Grunde genommen beiden um dasselbe: Sie wollen spüren, dass sie geliebt und begehrt werden. Männer spüren das durch den körperlichen Akt, Frauen durch Kuscheln. Das ist wie bei der Kommunikation – eigentlich sprechen Männer und Frauen hier unterschiedliche Sprachen. Und auch hier wäre es für beide Seiten gut, ein wenig „Fremdsprachenunterricht" zu nehmen.

Die letzte Sex-Studie in Deutschland hat ergeben, dass der durchschnittliche Mann ganze 198 Sekunden vom ersten Eindringen bis zum Orgasmus braucht. Das sind 3 Minuten und 18 Sekunden! Viel Zeit zum Genießen bleibt da nicht. Eigentlich klingt das ja eher nach Hochleistungssport als nach einem erfüllten Sexualleben. Die Aufklärungskampagnen in Sachen Vorspiel haben paradoxerweise viele Männer noch stärker in diese Richtung gehen lassen. Für sie hat sich der Ablauf nur erweitert. Sie müssen halt jetzt auch noch ein gutes Vorspiel liefern. Sie müssen der Partnerin einen Orgasmus „verschaffen“, damit sie gut im Bett waren. Eigentlich hat sich für sie der Stress und der Leistungsdruck im Bett verdoppelt. Sie sind gleich zum zweiten Mal in die große Sex-Falle aller Männer gestolpert: das pure Hinsteuern auf ein bzw. jetzt halt zwei Ziele – die Orgasmus-Fixiertheit.

Die meisten Männer sind beim Sex total zielgerichtet. Es geht um den Orgasmus, das Davor ist nur Mittel zum Zweck und das Danach, nun, das gibt es halt auch noch. Doch damit nehmen wir Männer uns und unseren Frauen sehr, sehr viel. Wenn wir uns einlassen auf eine ganzheitliche Sexualität, eine, die wir mit allen Sinnen und auf allen Ebenen genießen, dann erleben wir einen Quantensprung in unserem Sexualleben. Wenn wir loslassen lernen, uns wirklich hingeben können, jede Berührung spüren, den Geruch wahrnehmen, die Zärtlichkeit auskosten, jeden Augenblick des Liebesspiels bewusst erleben, dann, erst dann werden wir erleben und verstehen, was Frauen meinen, wenn sie an Sex denken.

Doch viele Männer sind beim Sex eben total auf den Orgasmus fixiert. Sex ohne Orgasmus ist für sie nicht einmal vorstellbar, schon gar nicht erstrebenswert. Die Gutmeinenden tun noch ein Übriges und die Messlatte bedeutet für sie, dass nicht nur sie selbst, sondern auch ihre Partnerin einen Orgasmus haben muss – was den Stress verdoppelt. Seit ich darüber nachdenke – früher war auch für mich „Sex haben“ mit „Orgasmus haben müssen“ gleichgestellt –, wundert es mich nicht mehr, dass Frauen – für die Sex eben viel mehr ist als nur körperliche Betätigung bis zum Orgasmus (des Mannes) – scheinbar viel seltener Lust haben.

Ich vergleiche das gerne mit einer Tafel Schokolade: Solange ein Mann auf den Orgasmus fixiert ist, heißt das, dass er immer die ganze Tafel aufessen muss. Entweder er isst die ganze Schokolade oder er hat keinen Genuss. Erst ganz am Ende hat er etwas davon – und so will er so schnell wie möglich dorthin gelangen. Das heißt aber, dass er die einzelnen Schokoladestücke überhaupt nicht beachtet. Er schmeckt die Schokolade gar nicht, weder auf den Lippen noch auf der Zunge noch im Gaumen. Er bemerkt von ihrer zarten, köstlichen Füllung nichts. Er riecht ihren Geruch nicht, spürt ihre Temperatur nicht, bemerkt nicht, ob sie weich oder hart ist, ob es zarte Bitterschokolade ist oder Mandelkrokant oder eine mit Erdbeerfüllung. Er schlingt sie hinunter, ohne viel dabei zu erleben. Alles, worauf er sich konzentriert, ist das Ende. Für ihn zählt einzig, dass er die ganze Tafel aufgegessen hat. Erst dann stellt sich ein – oft sehr kurzer – Genuss ein. Schade eigentlich. Er nimmt sich damit so viel Freude!

Damit wir uns nicht falsch verstehen: Ich will damit nicht sagen, dass ein Orgasmus etwas Schlechtes ist, ganz im Gegenteil. Ein Orgasmus ist etwas Wunderbares, das wir immer genießen sollten, wenn es dazu kommt. Was Dich an einer wirklich erfüllten Sexualität hindert, ist die Fixierung auf den Orgasmus. Wenn Du orgasmus-fixiert bist, bringst Du Dich damit um das sinnliche Erlebnis der einzelnen Schokoladestückchen. Und Du bringst Dich noch um mehr, als Du im ersten Moment denkst: Die Orgasmusfixierung ist – neben der fehlenden Wertschätzung im Vorfeld – der zweite große Hauptgrund dafür, warum Männer zu wenig Sex bekommen, obwohl Frauen eigentlich genauso viel Lust hätten!

Überleg doch mal: Jemand bietet Dir Schokolade an und Du weißt genau: „Jetzt heißt es alles oder nichts, entweder ich esse die ganze Tafel oder ich sage nein." Was wirst Du tun, wenn Du zwar Lust auf etwas Schokolade hast, aber nicht sicher bist, ob Du die ganze Tafel essen willst? Genau! Du wirst nein sagen, weil Du nicht nach den ersten Stücken gezwungen sein willst, weiterzuessen!

Und genauso geht es Deiner Partnerin. Wenn Du ihr Schokolade anbietest und sie weiß genau, dass sie jetzt die ganze Tafel aufessen muss, so wird sie im Zweifelsfall ablehnen. Sie wird nein sagen, selbst wenn sie gern ein oder zwei Stücke gehabt hätte – aber ob sie wirklich die ganze Tafel will, das weiß sie im Vorhinein eben nicht immer. Bevor sie die ganze Schokolade aufessen muss, obwohl sie schon genug hat, verzichtet sie lieber auf die zwei Stücke – und Du verzichtest mit ihr. Du verzichtest auf den Genuss der herrlichen zwei Stück Schokolade, aus denen vielleicht drei oder vier geworden wären, vielleicht sogar die ganze Tafel, wenn dieser Zwang zum Aufessen nicht im Spiel wäre.

Genauso verhält es sich mit dem Sex. Solange Du einen Orgasmus haben musst, damit Du zufrieden bist, hast Du einen Zwang mit ins Spiel gebracht – und wer mag schon gern gezwungen werden? In Wirklichkeit zwingst Du ja nicht nur Deine Partnerin, Du zwingst doch auch Dich selbst! Du bist dadurch nicht frei, Berührungen, Zärtlichkeiten, Hautkontakt, Küsse, Streicheleien, langsames Liebesspiel einfach zu genießen, sie auszukosten. Du lebst beim Sex nicht im Hier und Jetzt, erlebst das, was passiert, nicht bewusst, sondern arbeitest auf ein Ziel hin. Ganz provokant gefragt: Wo ist denn da der Unterschied zur Selbstbefriedigung? Wenn es nur um die (eigene) Erleichterung geht? Nicht, dass ich die Selbstbefriedigung verurteilen will, doch unter einem Liebesspiel mit einer Partnerin verstehe ich einfach etwas anderes.

Gelebter, bewusster, mit offenen Sinnen erlebter Sex passiert auf allen Ebenen gleichzeitig. Da sind die Körper, die Köpfe und die Seelen vereint, tanzen miteinander, spielen miteinander, genießen einander. Um das erfahren zu können, müssen wir Männer nicht mehr tun als bisher, sondern paradoxerweise weniger. Wir müssen loslassen – loslassen von unserer Vorstellung, dass Sex nur mit Orgasmus schön ist. Dann können wir zulassen, dass passiert, was auch immer passiert.

Ich weiß: Das ist nicht so einfach, vor allem wenn man in dem Teufelskreis steckt, dass man weniger oft Sex hat, als man möchte. „Jetzt habe ich ohnehin schon so selten Sex und dann soll ich dabei auch noch auf den Orgasmus verzichten?", so denkt man dann. Oder: „Endlich habe ich sie soweit, jetzt endlich geht's los!" Und wieder machen wir denselben Fehler, zeigen unserer Partnerin, dass sie immer bis zum Ende gehen muss, immer die ganze Tafel aufessen muss. Sie wird sich bestätigt sehen, dass sie es sich sehr gut überlegen muss, ob sie nun Lust hat oder nicht. Eine Frau hat das so ausgedrückt: „Ich habe mir das Kuscheln und die Zärtlichkeiten mit der Zeit abgewöhnt, weil ich jedes Mal gesehen hab, dass er dann sofort Sex bis zum Ende will. Und wenn ich dann nicht so weit gehen wollte, war er auch noch beleidigt. So habe ich halt auf das Kuscheln verzichtet." Solange wir Männer hier nicht loslassen lernen, werden wir immer wieder wie quengelnde Kinder agieren, die sagen „ich will aber!". Oder, wie es ein böser Witz ausdrückt: „Was versteht ein Mann unter exzessivem Vorspiel? 20 Minuten betteln."

Zwang weglassen, loslassen und geschehen lassen, nur das kann aus diesem Teufelskreis heraus helfen. Natürlich ist das nicht sofort möglich, denn Deine Partnerin muss erst mehrmals spüren, dass der Zwang verschwunden ist. Doch ich glaube nicht, dass es besonders lange dauert, denn sie wird Deine veränderte Einstellung bemerken. Ihr werdet letztendlich dadurch nicht weniger Sex haben, sondern mehr. Vielleicht wirst Du weniger oft einen Orgasmus haben, doch wenn Du dafür die einzelnen Momente Eures Liebesspiels ganz bewusst genießt, wirst Du es nicht vermissen, wenn einmal der Orgasmus ausbleibt. Du wirst einen Quantensprung in Deiner Sexualität erleben, weg von dem zielgerichteten, punktförmigen Tun, hin zu einem ganzheitlichen, alles umfassenden Erleben. Du wirst auch weibliche Sexualität erleben und ein wirklich erfülltes Sexualleben haben.

## 23. Die untrennbaren drei S – Sensibilität, Sexualität und Sinnlichkeit

Sobald Du es geschafft hast, die Fixierung auf den Orgasmus loszulassen, wirst Du die Schokolade schmecken können, Stück für Stück. Wenn Du vom reinen Tun zum Erleben, Spüren und Genießen kommst, wirst Du sehr schnell sehen, dass Sexualität viel mehr ist als der bloße Geschlechtsverkehr. Je bewusster Du jedes bisschen Schokolade genießt, umso stärker werden Deine Sensibilität und Sinnlichkeit wachsen und Deine Sexualität bereichern.

Reife, bewusst gelebte Sexualität ist Kommunikation zwischen zwei Menschen, eine Form der Kommunikation, die auf allen Ebenen abläuft. Im Liebesspiel verbinden sich dabei die Körper, die Geister und die Seelen miteinander, vereinen sich, lösen sich wieder, heben einander spielerisch Stufe um Stufe höher. Sie tanzen miteinander den Tanz der Erotik, der Glut und der Leidenschaft. Sie verlieren und finden sich zugleich, sie begleiten sich durch die Ekstase. Sie erfahren und erspüren einander, sei es in der Vereinigung, in einem Kuss oder in einer scheinbar zufälligen Berührung. Diese Verbindung ist reine Energie, durchzieht prickelnd und vibrierend Dein ganzes Selbst, nimmt Dir gleichzeitig den Atem und gibt Dir unendliche Kraft.

Natürlich ist Sexualität in dieser Intensität nur mit einer Partnerin erreichbar, mit der Du in Liebe verbunden bist und der Du Dich ganz öffnen kannst und die sich Dir ganz öffnet – bei einem One-Night-Stand ist das wohl kaum möglich. Doch zum Großteil ist diese sensible, sinnliche Sexualität etwas, was wir Männer auch in einer tiefen Liebesbeziehung erst lernen müssen, während die meisten

Frauen dieses Geschenk scheinbar in die Wiege gelegt bekommen haben. Um das erleben zu können, müssen wir Männer uns üben im Loslassen, im Zulassen, in der Hingabe und der Öffnung.

Beginne die Sinnlichkeit und die Erotik zu genießen, verlasse das Tun, lass geschehen, was immer da kommt. Verspüre Spaß an der Leidenschaft, werde erfinderisch, lass Spontaneität und Freude die Zügel übernehmen. Mache aus Eurer sexuellen Begegnung im wahrsten Sinne des Wortes ein Liebes-Spiel. Lass es mal leicht, luftig und lebendig und mal erdig, wild und feurig werden. Lebe den Augenblick, indem Du Dich von Deiner sexuellen Energie durchdringen lässt. Lass sie in Deinem ganzen Körper pulsieren, spüre sie von den Haar- bis zu den Zehenspitzen. Lass auch Deiner Partnerin die Initiative, sei auch mal passiv. Lass los, gib Dich hin, empfange und genieße. Dann sei wieder aktiv, verwöhne Deine Frau, tu ihr Gutes.

Sei nicht zu stolz, sie zu fragen, was und wie sie es gerne möchte, lerne von ihr. Es ist erstaunlich, wie viele Männer glauben, sie seien ganz von selbst gute Liebhaber, und wie wenige wissen, dass es auch hier viel voneinander zu lernen gibt. Sprich behutsam mit ihr über Eure Sexualität, über das, was schön ist, und das, was Ihr gerne anders hättet. Über Wünsche und Träume, geheime Sehnsüchte und erotische Fantasien. Wenn Euch die Sprache dafür fehlt, dann beginnt vielleicht damit, gemeinsam ein Sexbuch zu lesen. Nütze die Rückkopplung mit Deiner Partnerin, damit Ihr Euch gegenseitig beflügelt und miteinander höher und höher steigt, bis in den Olymp der Lust.

Du merkst schon, es geht hier um gelebte Sexualität statt getriebener, um Sexualität, die aus der Lust an der Lust kommt statt aus dem Drang nach Befriedigung. Es geht um ein Eintauchen in das Meer der Sinne, darum, sich in dieser Energie verlieren zu können statt die Kontrolle behalten zu müssen. Wenn Du wirklich loslassen, Dich fallen lassen lernst, dann wirst Du entspannte, sinnliche, prickelnde Sexualität erleben. Sexualität, deren Energie sich langsam aber stetig aufbaut und immer weiter steigert, bis sie Dich ganz erfüllt. Die dann entweder lange anhält oder – wenn Ihr bis zum Ende geht – sich lange, sehr lange entlädt. Du wirst Sexualität so erleben, wie Frauen sie erleben.

Ich habe durch meine Wolfsfrau und auch durch ein behutsames Tantra-Seminar diese entspannte Sexualität kennen gelernt. Es ist ein Riesenunterschied und ein enormer Gewinn zu der Sexualität, wie ich sie davor gelebt habe. Dieser spielerische Tanz der Liebe, dieses Verbunden-Sein mit meiner Liebsten, körperlich, seelisch und geistig, ist einfach wundervoll. Das langsame, absichtslose Erleben und Genießen und das Aufbauen und Spüren der Energie, die mich immer mehr durchströmt, ist so schön, dass der Orgasmus nicht mehr notwendig ist. Er ist viel schöner und länger als früher, wenn wir bis zum Ende gehen – doch wenn nicht, dann fehlt er mir nicht.

Entspannung und Sexualität widersprechen sich für uns Männer im ersten Moment. Wir glauben, dass wir ohne Anspannung ja unsere Erektion verlieren würden und damit dann auch keine Sexualität mehr stattfinden kann. Mal abgesehen davon, dass Sexualität ja viel mehr ist als die bloße Vereinigung und für alles andere keine Erektion nötig ist, so zeigt die Praxis das Gegenteil. Nahezu alle Potenzprobleme, etwa frühzeitige Ejakulation oder auch der Lustverlust, haben ihre Ursachen im psychischen Bereich. Natürlich musst Du auch die körperliche Seite abklären, wenn Du Probleme hast. Doch der Großteil der Probleme rührt aus der Angst, die Kontrolle über sich zu verlieren. Sowohl die frühzeitige Ejakulation als auch der Lustverlust basieren auf dem gleichen (meist unbewussten) Problem: die Lust nicht aushalten und nicht genießen zu können, aus Angst sich selbst dabei zu verlieren.

Abhilfe kann ein langsamer, behutsamer Einstieg in die entspannte Sexualität bringen, in eine Sexualität, die auf allen Ebenen stattfindet, mit allen Sinnen erfahren wird. Immer dann, wenn Du an das so genannte Speedlimit Deiner Lust kommst, also an den Punkt, an dem es Dir zu viel wird und Du aussteigst – entweder mit einer vorzeitigen Ejakulation oder mit dem Verschwinden der Lust –, konzentriere Dich auf Deinen Atem, atme mehr als sonst, versuch loszulassen und Dich fallen zu lassen. Mit der Zeit wirst Du damit Dein persönliches Speedlimit erhöhen, wirst mehr an Lust genießen können. Sei dabei nachsichtig und behutsam mit Dir, verkrampf Dich nicht, versuch, nicht zu tun, sondern geschehen zu lassen. Wenn es Dir mal nicht gelingt, dann halt beim nächsten Mal. Setz Dich nicht selbst unter Stress, denn der ist der größte Feind von entspannter Sexualität.

Die Wechselwirkung zwischen der bewusst und entspannt gelebten Sexualität und Deiner Sensibilität und Sinnlichkeit funktioniert auch in der anderen Richtung. Wenn Du Deine Sensibilität und Deine Sinnlichkeit – also Deine bewusste Wahrnehmung mit allen Sinnen – steigerst, so erhöhst Du damit auch die Qualität Deiner Sexualität. Vielen gelingt der Einstieg auf diese Weise sogar leichter. Es ist ganz einfach, damit zu beginnen: Schenke Deinem größten Sinnesorgan Aufmerksamkeit, nämlich Deiner Haut.

Fang an, beim Duschen das Wasser wirklich wahrzunehmen. Spüre bewusst, wie es auf Deine Haut prasselt. Schenke Dir zwei Minuten länger unter der Dusche, die Du nicht zur Reinigung Deines Körpers benutzt, sondern um Deine Haut zu sensibilisieren. Verändere den Wasserdruck, variiere die Temperatur und fühle, fühle, fühle! Lass es ganz heiß werden und dann ganz kalt. Dann dreh das

Wasser ab und spüre das Prickeln auf Deiner Haut, nimm Deinen ganzen Körper wahr, wie er durchblutet wird. Nimm ein weiches Handtuch und spüre, wie es sich auf Deiner Haut anfühlt. Vielleicht gönnst Du Dir dann auch noch ein Eincremen mit einer Körperlotion. Auch das tue aber nicht schnell und zielgerichtet, sondern langsam und intensiv. Streiche behutsam und sanft über Deine Haut und reibe die Lotion genüsslich ein. Spüre jede Stelle, die Du eincremst, rieche den Duft der Lotion, werde *sinn*lich, aktiviere Deine Sinne.

Verwende hin und wieder ein wohlriechendes Duftöl in einer Duftlampe oder zünde ein Räucherstäbchen an. Gewöhne Dir an, die Dinge, die Du isst und trinkst, wieder zu riechen. Rege Deinen Geruchssinn mit frischen Kräutern, duftenden Blumen oder feinen Essenzen an. Schmecke alles, was Du zu Dir nimmst, bewusst. Lass es einen Augenblick auf der Zunge verweilen, bevor Du es schluckst. Schenke Deinem Gaumen Abwechslung, indem Du auch mal Gegensätze gemeinsam probierst. Ein frisches Minzeblatt zu einem Erdbeereis, zum Beispiel. Oder etwas Marmelade zu einem Käsebrot. Höre auf verschiedene Geräusche, gerade dort, wo es still ist. Achte auf die feinen Nuancen, auf leises Vogelgezwitscher oder das Zirpen einer Grille. Höre bewusst leise, ruhige Musik, um Deinen Gehörsinn zu schärfen. Schau Dich um, geh in die Natur und gönne Deinen Augen die Farbenpracht einer Blumenwiese oder eines Herbstwaldes. Lass sie im ruhigen Grün des Waldes ausruhen und sie in die Ferne eines Talblicks schweifen. Belebe alle Deine Sinne, indem Du sie bewusst und intensiv benutzt.

Gehe dann den nächsten Schritt in Richtung entspannter Sexualität ohne Orgasmusfixierung. Kuschle mit Deiner Partnerin, sei zärtlich mit ihr. Lege dabei für Dich vorher klar fest, dass Du nicht bis zum Geschlechtsverkehr gehst, sondern nur kuschelst und nur streichelst. Genieße es, sie im Arm zu halten oder von ihr gehalten zu werden. Löse Dich von dem, was sein könnte, spüre lieber das, was ist. Lass Dich in Eure Umarmung fallen, erfreue Dich an der Gegenwart Deiner Wolfsfrau und an Eurer energetischen Verbindung. Rieche, schmecke, ertaste, höre und sieh Deine Partnerin, erlebe sie mit allen Sinnen. Sei sensibel für all das, was Dir ihr Körper und Dein Körper mitteilen. Versuche zu spüren, was Deine Partnerin in diesem Augenblick mag, verwöhne sie, wo es Dir möglich ist, finde die für Euch beide richtige Mischung.

Dusche gemeinsam mit Deiner Frau, wenn sie das gern hat. Seife sie zärtlich ein, erfreue Dich daran, den Schaum langsam auf ihrer Haut zu verteilen. Trockne sie ab, wenn sie es möchte, creme sie mit ihrer Körpermilch ein, genieße die Berührung ihrer frischen, samtenen Haut – und belass es dabei. Nimm mit ihr ein heißes, duftendes Schaumbad. Streue Euch Rosenblätter auf das Wasser, öffne dazu eine Flasche Sekt, verwöhne sie und Dich. Kaufe ein wohlriechendes Öl und streichle und massiere Deine Partnerin damit – ohne den Hintergedanken an Sex. Wenn es doch dazu kommen sollte, weil sie es will, dann lass es zu, aber hüte Dich davor, zu früh wieder in Deine Falle zu tappen und es selbst zu initiieren! Lass Dich stattdessen ganz auf die Massage ein. Spüre die Verbindung zwischen Deinen Händen und ihrem Körper, schenke ihr die Berührung und nähre Deine Seele durch das Wohlbefinden Deiner Partnerin.

Wenn Du dann Sex mit Deiner Frau hast, so versuche auch diesen bewusster und mit allen Deinen Sinnen zu erleben. Atme durch Deine Haut, nimm jede Berührung wahr. Rieche den Duft Deiner Partnerin, schmecke ihre Lippen, verlier Deinen Blick in ihren Augen. Tanke durch Deine Sinne sexuelle Energie und lass sie sich in Deinem ganzen Körper verteilen. Geh spielerisch auf ihre Wünsche ein, lass Dich von ihr verführen und sie die Initiative übernehmen. Sei sensibel für ihre Wünsche und auch für die Deinen. Gib dem Raum, was geschehen will, übe Dich im Loslassen, im Zulassen. Sorgt beide für Abwechslung, nicht nur was die Stellungen betrifft. Seid mal schnell und wild, dann wieder langsam und zärtlich und haltet auch manchmal inne und horcht nur in Eure Herzen hinein. Genießt einander!

## 24. Achtung, Alltag!

Wenn die stürmischen Gefühle der Anfangszeit abklingen, gilt es gegen einen unsichtbaren Gegner um die Liebe zu kämpfen. Denn es gibt einen wirksamen Feind, der jede noch so gute Beziehung zu besiegen vermag: den Alltag.

Was anfangs herrlich ist, nämlich auch normale Zeit miteinander zu verbringen, einfach nur beisammen zu sein, auch wenn jeder gerade etwas anderes tut, das wird ganz langsam zur Gewohnheit. Immer mehr Zeit verbringt man in derselben Wohnung, ohne miteinander wirklich Kontakt zu haben. Sanft und leise schleicht sich Trott ein. Alles läuft nach Schema F, man kennt einander schon so gut, dass es keine Überraschungen mehr gibt – „ach, Du bist es nur ...“ statt „so schön, dass Du da bist!“. Alles wird selbstverständlich, man wird eingelullt vom immer wiederkehrenden Ablauf. Ein Tag reiht sich an den anderen und plötzlich merkt man, dass man alt geworden ist neben dem Menschen, der früher Herzklopfen verursacht hat und heute fast zum Inventar gehört.

Diesen langsamen, schleichenden Tod sterben viele Beziehungen. So viele Menschen quälen sich in der bleiernen Schwere des Alltagstrotts ihrer Beziehung unreflektiert immer weiter, wobei die Unzufriedenheit mit allerlei Tranquilizern betäubt wird – Alkohol, Essen, Fernsehen, um nur ein paar zu nennen. Das Hauptproblem ist, dass es so einfach ist, den Todfeind Alltag gewinnen zu lassen: Man braucht gar nichts dafür zu tun, man muss auf nichts achten. Wenn man nur alles laufen lässt, so tritt dieser schleichende Tod von selbst ein, wie auf einer schiefen Ebene rollt die Beziehung diesem Zustand entgegen. Der Kampf gegen den Alltag ist manchmal anstrengend, oft auch unbequem, doch der Gewinn ist groß: eine erfüllte, spannende, lebendige Beziehung!

Wie bei der körperlichen Leistungsfähigkeit so ist auch bei der Fitness der Beziehung der oberste Grundsatz: immer in Bewegung bleiben! Es geht darum, Schwung in der Beziehung zu haben, immer wieder etwas Neues, Unerwartetes zu tun. Kleine Aufmerksamkeiten, zusätzliche Hobbys, neue Ziele, andere Wünsche – all das trägt dazu bei, frischen Wind in die Beziehung zu bringen. Das müssen oft gar keine großartigen Dinge sein, sondern vielmehr etwas, was Deine Partnerin nicht erwartet. Ein auf einen Zettel gezeichnetes Herz, platziert auf ihrem Kopfpolster trägt ebenso dazu bei wie ein spontaner Kurzurlaub. Gerade die Abwechslung, das Durchbrechen des immer wiederkehrenden Ablaufs ist es, was eine Beziehung frisch hält. Verändert Euren Alltag, indem Ihr Euch beide immer wieder etwas einfallen lasst, um den anderen zu überraschen. Unternehmt hin und wieder etwas ganz Besonderes. Seid spontan, kreativ, humorvoll und ruhig auch kindisch. Und schätzt die Versuche des anderen, auch wenn sie mal nicht so gelungen waren – die Hauptsache ist, immer wieder Experimente zu wagen.

Gleichzeitig ist es natürlich auch wichtig, den gemeinsamen Alltag schätzen zu lernen: die Vertrautheit, die Sicherheit und die Geborgenheit, die er Euch gibt. Nicht der Alltag an sich ist schlecht, sondern das fehlende Durchbrechen. Es geht darum, nichts als selbstverständlich zu nehmen, sondern sich immer wieder vor Augen zu führen, welches Geschenk die Beziehung eigentlich ist! Und Du solltest dies Deiner Partnerin auch zeigen, durch liebevolle kleine Aufmerksamkeiten zwischendurch, dann wenn sie es nicht erwartet.

Denke immer wieder daran, wie großzügig Du am Anfang Eurer Beziehung warst! Wie viel hast Du an Unannehmlichkeiten in Kauf genommen, nur um Deine Partnerin sehen zu können? Was hast Du ihr alles geschenkt, für sie getan, ihr an unausgesprochenen Wünschen erfüllt? Wie sehr hast Du um sie geworben, sie verwöhnt, sie auf Händen getragen? Wie oft habt Ihr telefoniert, E-Mails oder SMS geschrieben, ohne dass groß etwas zu sagen gewesen wäre, nur aus dem Wunsch heraus, miteinander Kontakt zu haben? Bewahre Dir etwas davon! Führe Dir immer wieder vor Augen, dass Deine Partnerin auch heute noch dieser Mensch ist, für den Du damals so viel getan hast. Dass sie es immer noch verdient. Zeige ihr oft genug, dass Du auch heute noch um ihre Gunst wirbst. Dass Du sie nicht als selbstverständlich ansiehst, schon gar nicht als Dein Eigentum. Jede Frau möchte von ihrem Partner hören, wie wichtig sie ihm ist. Sie möchte spüren, dass sie die Auserwählte, die Einzige ist – sage und zeige es ihr.

Ein Punkt, an dem Du ihr das besonders gut zeigen kannst, ist der Stellenwert, den Du ihr in Deinem Leben im Vergleich zu Deiner Arbeit gibst. Sehr viele Frauen haben mir erzählt, dass ihre Partner zu viel arbeiten, zu selten für sie Zeit haben. Und wenn Sie endlich Zeit haben, dann sind sie müde und schlapp. Die Frauen haben sich darüber beklagt, dass für die meisten Männer die Karriere wichtiger als die Beziehung ist. Von den Männern höre ich immer wieder die Klage, dass ihre Frauen kein Verständnis für die Arbeit hätten, obwohl die Männer das alles doch nur für ihre Familie auf sich nähmen.

Allein diese zwei scheinbar widersprüchlichen Aussagen machen meiner Ansicht nach deutlich, wo das Problem liegt. Deine Partnerin merkt, dass Dir Deine Arbeit wichtig ist, vielleicht sogar Spaß macht. Das ist für die meisten Frauen, die ich kenne, noch kein Problem, eher im Gegenteil. Gleichzeitig möchte Deine Partnerin jedoch spüren und auch gezeigt bekommen, dass sie Dir genauso wichtig ist. Ja, dass sie – zumindest wenn es ihr wirklich wichtig ist – an erster Stelle kommt. Und hier machen viele Männer den Fehler, dass sie ihren Frauen nicht zeigen, was sie ihnen bedeuten. Bring die Arbeit und die Zeit für Deine Beziehung in ein vernünftiges Gleichgewicht. Tu auch hier manchmal etwas Besonderes, etwas, das zeigt, dass Dir die Beziehung wichtiger ist als der Job. Nimm Dir frei, wenn Deine Partnerin einen Termin hat, bei dem sie Dich dabei haben möchte. Geh mit ihr auf ein Kindergartenfest oder zu einem Elternsprechtag. Nimm Dir ein paar Stunden Zeitausgleich und geh mit Deiner Frau shoppen. Zeige ihr, dass sie die Nummer eins ist. Ja, ich weiß, das ist alles nicht so einfach – ich habe selbst einen Beruf mit vielen Terminen und Verantwortung. Ich meine ja auch nicht, dass Du das täglich machen musst. Doch hin und wieder ist so etwas sicher möglich. Überleg einmal, wie oft Du wegen eines dringenden Auftrags spontan länger in der Arbeit bleibst. Dafür soll Deine Partnerin Verständnis zeigen. Dann muss doch auch das andere möglich sein.

Fehlende Zärtlichkeit, gerade im Alltag, ist etwas, was die Frauen in meinen Interviews ebenfalls immer wieder erwähnen. Gemeint sind hier nicht erotische Berührungen (die natürlich auch wunderschön den Alltag durchbrechen), sondern Streicheleinheiten. Die Frauen möchten einfach auch körperlich spüren, dass ihrem Partner etwas an ihnen liegt. Streichle Deine Partnerin immer wieder, auch spontan zwischendurch, sei zärtlich und liebevoll. Gib ihr einen sanften Kuss auf die Wange, wenn Du bei ihr vorbeigehst. Streich ihr liebevoll durchs Haar, wenn Du ihr etwas bringst. Kraule ihr behutsam den Rücken, wenn sie erschöpft ist. Sei nicht beleidigt, wenn Du merkst, dass sie Deine Zärtlichkeit einmal gerade nicht annehmen kann, sondern schenke sie ihr ein anderes Mal wieder. Wenn sie weiß, dass es Dir nicht um Sex geht, wird sie Deine Zärtlichkeiten bald als kleine Juwelen schätzen.

Umarme Deine Frau auch einmal spontan, zum Beispiel wenn Du heimkommst. Eine zärtliche und doch feste Umarmung ist etwas Wunderschönes, etwas, das Halt und Geborgenheit, Nähe und Sicherheit gibt. Im tiefsten Winkel unseres Herzens sehnen wir Menschen uns alle nach Geborgenheit und Sicherheit. Wir sehnen uns danach, einfach gehalten zu werden, nur um unserer selbst willen.

Macht öfter zusammen Unsinn! Spiel ihr vielleicht auch einen kleinen, liebevollen Streich oder bring sie anderweitig zum Lachen – es gibt nichts Schöneres. Meine Freundin schafft es immer wieder, mich zu verblüffen und mich herzhaft zum Lachen zu bringen – das sind Momente, die lange in Erinnerung bleiben. Macht Blödsinn miteinander, baut Luftschlösser, lauft um die Wette, spielt Verstecken. Lasst auch mal die Kinder in Euch leben, habt einfach Spaß miteinander.

Bei all dem, was Du für sie tust, denke aber immer wieder darüber nach, ob Du es auch wirklich für sie tust – und ob sie das überhaupt will. Man behandelt nämlich seine Partnerin viel zu oft so, wie man selbst von ihr behandelt werden möchte. Das muss auch gar nichts Schlechtes sein. Normalerweise wird man ja sicher gerne gut behandelt und glaubt daher zumindest, die Partnerin damit auch gut zu behandeln. Bloß muss das, was man selbst haben will und was gut für einen selber ist, noch lange nicht das sein, was die Partnerin will und gut für sie ist. Wie Du sicher weißt: Das Gegenteil von gut ist gut gemeint. Außerdem tut man diese Dinge meistens nicht wirklich für die Partnerin, sondern weil man hofft, dass sie es sofort zurückgibt. Man will es selbst haben und ihr sozusagen auf die Sprünge helfen: „Na komm, tu doch auch." Schau darauf, dass das, was Du Deiner Liebsten Gutes tust, ihr auch wirklich gut tut.

Viele Beziehungen kranken an zu wenig gemeinsamen Aktivitäten. Vorhaben und Aufgaben, die zusammen angegangen werden, schaffen Verbindung. Zeit, die miteinander sinnvoll verbracht wird, belebt die Beziehung. Erlebnisse, die man miteinander teilen kann, bringen neue Energie. Achte in Deiner Partnerschaft immer wieder darauf, dass Ihr genug davon habt, dass Ihr genug gemeinsam unternehmt. Es geht dabei vor allem um Unternehmungen, bei denen eine gemeinsame Kommunikation stattfindet. Aber auch zusammen fernsehen kann – wenn es etwas Besonderes ist – erfüllend sein. Tut immer wieder etwas miteinander, was nicht zur Routine zählt.

Achtet auf das „Wir", doch vergesst dabei das „Ich" nicht. Unternehmt genug miteinander, aber auch genug getrennt. Durch die Bereicherung des „Ichs" wird – wenn Ihr Euch in der Partnerschaft darüber austauscht – auch das „Wir" genährt. Gerade das Andere, das Unbekannte strahlt ja viel Faszination aus. Bewahre Dir einen Bereich Deines Lebens, der Dir alleine gehört, und gestehe das auch Deiner Partnerin zu. Achte besonders bei den Aktivitäten, die Du allein unternimmst, auf Abwechslung und Spontaneität! Unterbrich immer wieder Deinen gewohnten Tagesablauf, lerne, flexibel zu sein und nicht in eingefahrenen Geleisen dahinzurollen. Tu einmal spontan etwas anders als sonst, probiere Neues aus, sei kreativ und lebendig.

Flirte auch mal mit anderen Frauen und gestehe Deiner Partnerin zu, dass sie mit anderen Männern flirtet. Wohl gemerkt, ich spreche hier vom Flirten, nicht von Affären! Ich bin fest davon überzeugt, dass Treue und Vertrauen in einer Partnerschaft ganz, ganz wichtige Fundamente sind. Ich kenne viele Beziehungen, in denen einer oder beide fremdgegangen sind – und keine einzige, die das auf Dauer ausgehalten hat. Doch beim Feuerpaar sollte soweit Klarheit über die (gemeinsam gesetzten) Grenzen herrschen, dass jeder dem anderen vertrauen kann und keiner sie mutwillig überschreiten wird. Damit kann innerhalb dieser Grenzen große Freiheit gelebt werden. Ab und zu ein kleiner Flirt tut Dir gut und auch Deiner Beziehung. Wenn Du spürst, dass Du auch für andere anziehend bist, so nährt das Dein Selbstwertgefühl. Gleichzeitig führt es Deiner Partnerin Deine Attraktivität wieder vor Augen. Und umgekehrt ist es genauso. Das funktioniert natürlich nur in kleinen, sozusagen homöopathischen Dosen, denn eine wilde Flirterei verletzt den anderen nur. Es ist gerade hier wichtig, klare Grenzen gezogen zu haben und diese auch einzuhalten.

Genieße und schätze den Alltag in Deiner Beziehung – und kämpfe stetig gegen das Versinken in seinem Sumpf. Sei spontan und flexibel, humorvoll und ernsthaft, tue Unerwartetes und schaffe schöne Fixpunkte. Brich mit Deiner Partnerin aus den vorgegebenen Bahnen aus, unternimm hin und wieder etwas ganz Besonderes. Zeige und sage ihr, dass Du sie liebst und sie die Einzige ist. Gib dem Feuer immer wieder neue Nahrung.

## 25. Wenn die Liebe geht

Alles in diesem Universum ist vergänglich, nichts dauert ewig. Es gibt keine Fixpunkte, alles ist in ständiger Bewegung. Und so kann es auch passieren, dass trotz aller Bemühungen selbst eine noch so große Liebe zu Ende geht. Wenn das der Fall ist, dann ist es besonders wichtig, sich dem auch zu stellen und behutsam und respektvoll damit umzugehen.

Der eigentliche Sinn einer Beziehung, ihre wirkliche Berechtigung ist, dass sie langfristig gesehen beiden Beteiligten Kraft und Energie schenkt. Kurzfristig kann und wird das sicher auch mal anders sein. Es ist in Ordnung, dass zeitweise einer oder auch beide in die Beziehung mehr investieren als sie daraus schöpfen können. Doch wenn das längerfristig so ist, dann hat die Beziehung ihren Wert verloren. Dann muss diese Beziehung auf eine andere Basis gestellt und umgewandelt werden, sodass sie wieder beiden Kraft gibt. Das kann eine Intensivierung der Beziehung genauso sein wie eine Trennung in Freundschaft oder ein Timeout.

Leider machen es sich viele Menschen zu leicht. Meiner Meinung nach gibt es zu viele Scheidungen – weil viele die Mühsal der Beziehungsarbeit, das Suchen und Finden von Kompromissen und Konsens nicht auf sich nehmen wollen. Auf der anderen Seite bin ich ganz sicher, dass es zu wenig Scheidungen gibt – aus genau demselben Grund! Wir haben in unserer Gesellschaft viel zu wenig Problemlösungskapazität, gerade im Hinblick auf Beziehungskrisen. Die meisten Menschen gehen den Weg des geringsten Aufwands. Für die einen ist das eine schnelle Scheidung, für die anderen ein Verharren in einer noch so unbefriedigenden Beziehung. Und leider ist das Verharren in einer toten Beziehung bei uns gesellschaftlich geschätzt und sogar als moralisch hochwertig angesehen, sodass es sehr leicht ist, in diese Falle zu tappen.

Ich habe in den vorangegangenen Kapiteln wohl klar genug gemacht, dass es mir in erster Linie darum geht, eine Beziehung lebendig zu halten, an ihr und für sie zu arbeiten. Dazu gehört für mich natürlich auch, dass man gerade in einer Beziehungskrise nicht vorschnell aufgibt, dass man darum ringt, die Krise zu bewältigen. Genauso gehört für mich zur Beziehungsfähigkeit auch die Fähigkeit, eine zu Ende gegangene Liebesbeziehung als solche akzeptieren zu können und, wenn möglich, sich in Freundschaft zu trennen und aus der Liebesbeziehung eine für beide passende andere Beziehung zu machen. Wir brauchen eine Trennungskultur, um wirklich beziehungsfähig zu sein.

Ich bin in den letzten Jahren mit sehr vielen Beziehungsfragen konfrontiert worden. Ich war Ansprechstelle für zahlreiche Menschen, Frauen und Männer, mit massiven Beziehungsproblemen. Ich habe von meinen Interviewpartnerinnen und den Teilnehmern meiner Seminare sehr viel erfahren, ich habe tiefen Einblick in so manche Beziehung bekommen. Zusammenfassend kann ich – neben allem, was ich schon in den vorigen Kapiteln geschrieben habe – zwei Dinge sagen: Es gibt nichts, was es nicht gibt auf dem Sektor Beziehungen. Und: Erschreckend viele Menschen ziehen das bekannte Unglück einem unbekannten Glück vor.

Bei so vielen Beziehungen, die ich kenne, zweifle ich, ob sie beiden Beteiligten Kraft gibt. Bei einem Paar darf die Frau nicht mehr im Ehebett schlafen, weil dort der Hund seinen Platz. Bei einem anderen Paar hat der Mann mit seiner Frau seit zwölf Jahren kein einziges Wort mehr gesprochen. Bei einem Paar fährt die Geliebte des Mannes seit Jahren mit in Urlaub. Bei einem anderen Paar erfährt er durch einen Unfall, dass seine Frau seit 13 Jahren einen Geliebten hat. Da gibt es zwei, die nur mehr in Wohngemeinschaft nebeneinander leben und die beide jegliches Beziehungsleben inklusive Außenbeziehungen aufgegeben haben. Und so weiter und so fort.

Versteh mich richtig, ich maße mir nicht an, ein Urteil über auch nur eine dieser oder der vielen anderen ungenannten Beziehungen abzugeben. Ich habe allerdings meine Zweifel, ob sie wirklich beide Partner mit Energie und Leben erfüllen. Und ich bin fest davon überzeugt, dass das Verharren in einer Beziehung, die nicht Labsal, sondern Mühsal darstellt, ein Fehler ist. Ein Fehler selbst für den Partner, für den die Beziehung eigentlich noch ganz ok ist – denn auch ihm nimmt man durch das Aussitzen der Situation die Chance, in einer anderen Partnerschaft zu leben, die von beiden Beteiligten geschätzt und genossen wird. Meine Ex-Frau war am Anfang ebenfalls gegen unsere Trennung und wollte den Zustand unserer Beziehung aufrechterhalten. Heute sagt sie selbst, wie gut und richtig es war, dass wir auseinander gegangen sind. Es war auch für ihre Entwicklung eine gute Entscheidung – wie sie selbst betont.

Wenn Deine Beziehung in eine Krise kommt – und solche gibt es immer wieder –, dann halte inne und ziehe Bilanz. Erforsche den Grund hinter der Krise, schau, ob er wirklich mit der Beziehung zu tun hat, oder ob nicht die eigentliche Ursache ganz woanders liegt. Ein Mann, den ich kenne, hat sehr schnell seine Beziehung aufgegeben, hat sich scheiden lassen und ist sofort eine neue Beziehung eingegangen. Jetzt ist er allerdings noch unglücklicher als vorher, da die neue Beziehung nichts zum Guten verändert hat. Er hat – leider zu spät – erkannt, dass er durch den Beziehungswechsel in Wirklichkeit ein Problem in seiner Arbeit verdrängen wollte, was natürlich nicht möglich ist.

Versuche Dir den Wert, den die Beziehung in Deinem Leben hat, bewusst zu machen. Tu das nicht erst dann, wenn Du bereits dabei bist, sie zu verlieren. Nutze jede Krise dazu, darauf zu schauen, was Du und Deine Partnerin, was Ihr besser machen könnt. Oft ist man blind und erkennt Warnsignale nicht, weil man sie nicht erkennen will. Damit nimmt man sich aber die Chance, etwas zu verändern. Es gibt auch bei Liebesbeziehungen einen Point of no return, einen Punkt, an dem alles nichts mehr nützt, weil es zu spät ist. Leider wird vielen erst nach diesem Punkt bewusst, dass die Beziehung in einer wirklichen Krise steckt. Doch wenn Ihr früh genug auf Eure Partnerschaft achtet, dann gibt es meistens noch Möglichkeiten, sie zu neuer Blüte zu bringen. Versuche die Krise gemeinsam mit Deiner Partnerin zu meistern. Investiert Zeit und Arbeit in eine Verbesserung Eurer Beziehung. Probiert, ihrem Feuer neue Nahrung zu geben, versucht ihr wieder Leben einzuhauchen.

Wenn das nicht möglich ist, wenn Eure Liebesbeziehung zu Ende ist, wenn die Liebe gegangen ist, dann akzeptiere auch das. Selbst dann, wenn das nur Deine Partnerin so empfindet und Du nicht. Die Entscheidung, ob die Liebe noch da ist, muss jeder für sich selbst treffen, Du kannst nicht für sie lieben. Wenn es jedoch Deine Liebe ist, die verblasst ist, dann steh auch dazu und sei Dir und Deiner Partnerin gegenüber ehrlich.

Wenn es so sein soll, dann geht in Freundschaft auseinander. Trennt Euch als Paar und stellt Eure Beziehung auf eine andere Stufe. Versucht eine – wenn auch vielleicht geringe – Beziehung aufrechtzuerhalten, schließlich habt ihr Euch einmal geliebt. Meine Ex-Frau und ich sind nach wie vor gute Freunde, weil wir uns gegenseitig als Mensch immer noch sehr schätzen, auch wenn wir nicht mehr als Partner zusammen leben wollen.

Mach nicht den Fehler, dass Du das, was Du in Eurer

Beziehung erlebt hast, rückwirkend schlecht machst, bloß weil Du jetzt verletzt bist – damit würdest Du posthum einen Teil Deines Lebens umschreiben und zerstören. Mach auch nicht den Fehler, alles zu verherrlichen, weil Du es nicht mehr hast – damit würdest Du Deine nächste Beziehung von Anfang an erschweren. Versuche alles halbwegs realistisch zu sehen. Freue Dich über all das Schöne, was Du erlebt hast. Überlege, was Du aus dem Schweren und aus Deinen Fehlern für die nächste Beziehung lernen kannst. Nimm, wenn irgendwie möglich, keine Altlasten aus dieser Beziehung in Deine nächste mit, schließe sie dankbar, aber bestimmt ab.

# Der mit der Wolfsfrau tanzt

Die Menschen
kommen durch nichts
den Göttern näher,
als wenn sie Menschen
glücklich machen.

(Cicero)

## 26. Dein individueller Beziehungsweg

Was als männlich oder weiblich gilt, hat sich in unserer Zeit stark verändert. Die klassischen Rollenbilder sind verschwunden. Gleichzeitig sind auch die traditionellen Beziehungsformen ins Wanken geraten und für viele Menschen nicht mehr adäquat. Die Ehe mit absolutem Anspruch auf Unauflöslichkeit und ewigen Bestand scheint nicht mehr zeitgemäß. Lebensabschnitts-(Ehe-)Partner sind die vielfache Realität. Eine Menge neue Wege existieren, wie Beziehung gelebt wird.

Manche Paare arbeiten in verschiedenen Ländern und sehen sich selten, dann dafür sehr intensiv. Andere leben eine Wochenendbeziehung, mal bei ihm, mal bei ihr. Pendler führen ebenfalls eine Wochenendbeziehung, allerdings im gemeinsamen Haushalt. Bei anderen Paaren sehen sich beide sehr oft, leben aber nicht zusammen. Wieder andere leben in einem Haushalt, unternehmen aber sehr viel getrennt. Dann gibt es Partner, die eine Fulltime-Beziehung leben, die auch noch miteinander arbeiten und die meiste Zeit des Tages beisammen sind. Manche Partner fahren getrennt in Urlaub und wieder andere unternehmen kaum einen Schritt ohne den anderen. Es gibt Beziehungen ohne Kinder, mit eigenen Kindern, mit Kindern aus früheren Beziehungen oder bunt gemischt. Es gibt eigentlich nichts, was es nicht gibt. Alles ist möglich und – solange es den Beteiligten gut tut – alles ist ok.

Dieses „alles ist möglich“ bedeutet aber auch, dass jeder für sich seinen eigenen, individuellen Beziehungsweg gehen muss. Du bist also zu Deinem persönlichen Lebensentwurf aufgerufen. Schau, wie Du Dein Beziehungsleben gestalten willst, welche der vielen Möglichkeiten für Dich denkbar, welche unannehmbar und welche wünschenswert sind.

Du hast bis jetzt viel gelesen und wohl auch über einiges nachgedacht. Du hast Dich mit Deinem Werdegang beschäftigt, Deine Glaubenssätze angesehen und vielleicht auch revidiert. Du hast Dich selbst und Deine Wünsche und Ziele besser kennen gelernt. Du hast Dein Frauenbild bewusst überdacht. Du bist mit vielen Wünschen, die Frauen für Beziehungen haben, konfrontiert worden und hast vielleicht auch den einen oder anderen Vorsatz gefasst. Nun ist es an der Zeit, dies alles noch einmal Revue passieren zu lassen und aus diesen Mosaiksteinchen Dein individuelles Beziehungsbild zu gestalten.

Nimm Dir die Zeit und zieh Dich an einen ruhigen Ort zurück. Führe auf Papier mit zwei verschiedenfarbigen Stiften einen Schreibdialog mit Deinem inneren Selbst, also mit Deinem Unterbewusstsein. Dies ist eine einfache Form der Meditation, ähnlich einem Selbstgespräch, in dem Du durch Fragen und Diskussionen mehr von dem, was in Dir steckt, was in Deinem Unterbewusstsein ist, erfahren kannst. Den Dialog kannst Du durch die schriftliche Form auch später noch einmal nachlesen. Verwende zwei verschiedene Stifte, einen für Dich und einen für das, was Du für Dein inneres Selbst aufschreibst. Beginne den Dialog, indem Du Dein inneres Selbst begrüßt und es bittest, mit Dir zu sprechen. Schreibe dann mit seinem Stift einfach das nieder, was Dir spontan als Antwort einfällt. Dann nimm wieder Deinen Stift und setze den Dialog fort.

Stell Dir die Frage, was Du über Dich gelernt hast. Diskutiere darüber, welche Glaubenssätze Du hattest und was daran falsch war. Frag Dein Selbst, was Dir noch fehlt auf dem Weg zum Wilden Mann und was Du dafür tun kannst. Schreib darüber, wie Dein Frauenbild sich verändert hat, wie es jetzt aussieht. Frag Dich, was Du gelernt hast und worauf Du in Zukunft achten willst. Diskutiere mit Deinem inneren Selbst, was wirklich wichtig ist in einer Beziehung. Überlege mit ihm, wo Du Dich verändern möchtest. Stelle Dir die Frage, wie Du beziehungsfähiger werden kannst. Hör nicht gleich bei der ersten Antwort auf, sondern frag weiter. Erörtere, wer was tun soll für die Beziehung und wie die Verantwortung aufgeteilt wird. Diskutiere, wie Du Deine persönlichen Verantwortungen wahrnehmen kannst, die nicht direkt mit dieser Beziehung zu tun haben, z.B. für Kinder aus früheren Partnerschaften. Schreib auf, was Deiner Meinung nach Deine Partnerin glücklich macht, und frag Dein inneres Selbst, was es dazu sagt.

Letztlich überlege gemeinsam mit Deinem inneren Selbst, wie Du Dir Deinen Beziehungsweg vorstellst. Diskutiere darüber, wo Du heute bist und wo Du hin willst. Denke mit ihm darüber nach, was Du haben möchtest und was Dir wirklich wichtig ist. Betrachte die einzelnen Beziehungsformen und erörtere, welche davon für Dich ok, unannehmbar oder wunderbar ist und warum. Besprich mit Deinem inneren Selbst, wo Du Dich in 5, 10, 20 Jahren beziehungsmäßig siehst. Denk darüber nach, was Du am Ende Deines Lebens über Deine Beziehungen sagen können willst. Zum Schluss Eures Dialogs bitte Dein inneres Selbst um ein Resümee Deiner Beziehungsfähigkeit, Deiner Beziehung und der möglichen Weiterentwicklung von beidem. Dann bedanke Dich bei Deinem inneren Selbst und beende den Schreibdialog.

Schau Dir nun noch einmal an, was Du alles niedergeschrieben hast. Vielleicht ist manches dabei, was gesellschaftlich wenig anerkannt ist oder Dich auch ein bisschen erschreckt. Vielleicht hast Du erkannt, dass Dein Beziehungsweg nicht der Norm entspricht – lass Dich davon nicht abhalten, ihn zu gehen. Schau auf Dich, schau auf das, was Dir gut tut, egal was die Gesellschaft sagt. Übernimm die Verantwortung für Dich! Alles, was für Dich ok ist und Dir gut tut, ist in Ordnung! Es darf natürlich nicht auf Kosten Deiner Partnerin gehen, sonst werdet Ihr keine erfüllende Beziehung haben. Doch ob andere das richtig finden, wie Ihr beide miteinander lebt, ist ohne Bedeutung. Steh zu Dir, steh zu ihr, steh zu Euch. Finde mit Deiner Wolfsfrau Euren individuellen Beziehungsweg!

## 27. Labyrinth – Zeichen des Lebens

Bei der Betrachtung Deines bisherigen Beziehungsweges hast Du wahrscheinlich schon gesehen, dass solche Wege nicht ohne Kehren und Wendungen sind. Auch das Leben geht nicht immer den geraden oder einfachen Weg. Du wirst das selbst kennen: Mal geht es bergauf, mal geht es bergab, manchmal läuft alles wie am Schnürchen, dann geht wieder gar nichts. Du erlebst Zeiten, in denen Du

Labyrinth von Chartres

voller Energie und Lebensfreude bist, die ganze Welt umarmen möchtest und alles schaffen kannst. Und dann – manchmal nur kurze Zeit später – bist Du völlig am Boden zerstört, jeden Tag fällt Dir das Aufstehen schwer, Du fragst Dich, wozu das alles. Das Leben ist ein stetiges Auf und Ab, Hin und Her und geht doch immer in eine Richtung, nämlich vorwärts. Seit mehr als 3000 Jahren kennt die Menschheit ein tröstliches Symbol für diesen, unseren Lebensweg: das Labyrinth.

Ein Labyrinth besteht aus einem einzigen Weg, der in vielen Kehren und Wendungen direkt zum Ziel führt. Damit steht es im Gegensatz zum erst im 18. Jahrhundert entstandenen modernen Irrgarten, der oft fälschlicherweise ebenfalls Labyrinth genannt wird. In einem echten Labyrinth ist es unmöglich, sich zu verirren, da es ja keine Abzweigungen oder Irrwege gibt. Der Weg führt meist schnell ganz nahe zum Ziel, entfernt sich dann aber in einer Wendung bald wieder scheinbar sehr weit von diesem Ziel. Immer wieder muss man umkehren, die Richtung ändern, um den Weg weitergehen zu können. Rasch kommt man dem Ziel wieder sehr nahe, dann entfernt man sich erneut und ist doch immer noch auf dem Weg.

Das Labyrinth ist seit seiner Entstehung in nahezu allen Kulturen bekannt gewesen, bei den Griechen und bei den Römern genauso wie bei den Indianern. Es wurde von vielen Gemeinschaften und Religionen zum Meditieren, zum Nachdenken, zur Selbsterfahrung benutzt. Das wohl bekannteste Labyrinth in Europa ist jenes im Dom von Chartres, erbaut im 13. Jahrhundert. Es ist 13 mal 13 Meter groß und kann von den Besuchern begangen werden. Der Weg in das Labyrinth beträgt 294 Meter. Nach den Aufzeichnungen der Gemeinde von Chartres war es lange Zeit üblich, dass am Ostermorgen der Bischof die Gemeinde tanzend durch das Labyrinth geführt hat.

Das Labyrinth spiegelt den Lebensweg wider, egal ob

es jetzt um kurze Lebensabschnitte mit einem definierten Ziel geht, um Beziehung oder um das gesamte Leben, das die Vollendung zum Ziel hat. Wenn man ein Labyrinth begeht, kann man sehr schnell die Parallelen zum Beziehungsweg spüren:

Am Anfang geht es oft ganz geradlinig und schnell auf das Ziel, auf den Idealzustand hin. Alles ist wunderbar, die Verliebtheit kennt keine Grenzen und trägt Dich in schwindelnde Höhen. Das Glück ist grenzenlos und voller Energie, Lust und Leidenschaft. Bald kommt die erste Kehre, doch sie ist schnell überwunden und dann bist Du gleich wieder sehr nahe dem Ziel. Doch dann, wenn die Verliebtheit abklingt und Platz für die echte Liebe macht, dann führt Euer Weg oft scheinbar weg von der Mitte. Manchmal wird er steinig, oft sind Kehren und Wendungen zu bewältigen, bevor er wieder wundervoll und schön wird. Und so führt der Beziehungsweg weiter, mal näher am Idealzustand, mal weiter weg. Immer wieder ist eine Neuausrichtung für Euch beide notwendig, da Ihr oder die Umgebung eine Veränderung erfahren habt. Doch stetig, mit jedem Schritt kommt Ihr Eurem Ziel näher, wenn Ihr nicht stehen bleibt.

Am wenigsten Energie hat man, wenn man unglücklich und traurig ist, wenn man nicht so lebt, wie man leben möchte. Im Bild des Labyrinths bleibend: Du stehst in einer Kehre und willst unbedingt gerade weitergehen. Dort führt aber kein Weg weiter. Du drückst mit immer mehr Kraft gegen die Abgrenzung, wehrst Dich gegen die Wendung in Deinem Leben – und das kostet unendlich viel Kraft. So ist es auch in Deinem Beziehungsleben. Wenn Du mit Krampf irgendwo verharrst, weil Du geradeaus nicht mehr weitergehen kannst, dann kostet Dich das unendlich viel Kraft. Dann bist Du lustlos, deprimiert und müde. Du brauchst Deine ganze Energie dafür, Dich gegen die Wende in Deinem Leben zu wehren. Lass Dich vom Bild des Labyrinths trösten und Dir Mut machen: Es geht immer weiter, der Weg führt zu Deinem Ziel, auch wenn es nicht so scheint.

Die Botschaften, die uns das Labyrinth geben will, sind: „Bleibe gelassen und unbeirrbar. Geh Deinen Weg weiter, hab keine Angst vor Kehren und Wendungen. Du kannst auch mal stehen bleiben, um Kraft zu tanken, bevor Du weitergehst. Aber geh weiter, Du kannst Dich nicht verirren, Du wirst ans Ziel kommen." Am besten erleben kannst Du diese Botschaften natürlich, wenn Du ein Labyrinth wirklich begehst. In den letzten Jahren sind eine Menge frei begehbare Labyrinthe entstanden (siehe Anhang), Du musst dafür nicht extra nach Chartres reisen. Oder Du fährst meditativ ein Labyrinth auf einem Stück Papier nach.

Egal, ob Du das Labyrinth begehst oder mit einem Stift nachfährst: Tu es nicht achtlos, sondern denk dabei an Dein Leben, an Deine Beziehung oder an ein bestimmtes Ziel, das Du erreichen möchtest. Spüre die anfängliche Nähe zum Ziel und die spätere Entfernung. Mach Dir bewusst, dass Du aus der Sicht des Weges, den Du zurücklegen musst, Dich immer weiter dem Ziel näherst, selbst wenn Du Dich scheinbar davon entfernst. Versuche die Wendungen im Labyrinth mit jenen in Deinem wirklichen Lebensweg in Zusammenhang zu bringen. Überlege, wo Du jetzt stehst, wie viel Weg zum Ziel denn noch vor Dir liegen mag. Spüre nach, welche Erleichterung es ist, dass es keinen Irrweg gibt. Denk darüber nach, was Du für Dich daraus lernen kannst. Lass die uralte Weisheit des Labyrinths in Dir wirken. Im Labyrinth kann man sich nicht verlieren, im Labyrinth findet man sich.

Genauso ist es im Leben und in der Beziehung des Feuers. Lasse Dich auch in Deinem Leben und in Deiner Beziehung von der Lehre des Labyrinths leiten, vertraue darauf, dass der Weg Dich weiterführt, auch wenn er sich scheinbar vom Ziel entfernt. Hab keine Angst vor einer Kehre, einer Wendung in Deinem Leben, auch sie wird Dich weiterbringen. Du weißt unterwegs nicht, ob Du nach der nächsten Wendung im Ziel sein wirst oder ob Du noch einen langen Marsch vor Dir hast. Was Du sicher weißt, ist, dass Du zum Ziel kommen wirst, wenn Du nicht stehen bleibst oder Dich umdrehst. So geh in Gelassenheit voran, lebe Dein Leben!

## 28. Ein ganzer Mann

Wenn Du gefragt wirst, ob Du ein ganzer Mann, ein ganzer Kerl bist, so wirst Du wohl ohne zu zögern „Ja“ darauf antworten. Und im Sinne dessen, wie Fragesteller es normalerweise meinen, nämlich ob Du Dich irgendetwas traust oder etwas schaffst, wird Deine Antwort wohl stimmen. Doch so wie ich die Frage meine, können sie die wenigsten Männer mit Ja antworten. Ich meine, ob Du ein ganzer, ein ganzheitlicher Mann bist. Ein Mann, der aus Körper, Geist und Seele besteht, der alle drei pflegt und aktiviert, der sie in einem ausgewogenen Gleichgewicht hält.

Wir bestehen aus allen dreien, die Einheit von Körper, Geist und Seele macht uns hier auf Erden aus. Sie stehen in Beziehung zueinander, zwischen ihnen gibt es Wechselwirkungen, die unser Leben stark beeinflussen. Die chinesische Medizin baut darauf auf, dass der Körper und die Seele in einer engen Beziehung zueinander stehen. Die moderne Wissenschaft hat erwiesen, dass unser Geist und unsere Gedanken eine starke Auswirkung auf unseren Körper haben. Gleichzeitig beeinflusst unser körperliches Befinden die Fähigkeit und Kreativität unserer Gedanken. So gehören Körper, Geist und Seele also gleichberechtigt zusammen. Nur wenn alle drei gleichermaßen Anteil an unserem Leben haben, leben wir ganzheitlich, sind wir ein ganzer Mann.

Um Körper, Geist und Seele in Deinem Leben in einem positiven Gleichgewicht zu halten, ist es notwendig, jedem von ihnen bewusst Gutes zu tun. Du musst auf alle drei achten. Ich selbst merke immer wieder, dass ich – durch viel Terminarbeit oder andere „unaufschiebbare“

Zwänge – sowohl meinen Körper als auch meine Seele vernachlässige, ja selbst auf meinen Geist nicht wirklich achte. Mir fällt dann auf, wie kraftlos ich geworden bin. Ich bin dann energie- und antriebslos und habe dadurch an Lebensqualität verloren. Wenn mir das bewusst wird, achte ich darauf, wieder etwas für Körper, Geist und Seele zu tun. Ich bringe sie – und damit mich – wieder ins Gleichgewicht.

Du merkst schon, ganzheitlich zu leben, auf allen Ebenen, ist etwas, das permanenter Achtsamkeit bedarf, etwas, was Du Dein ganzes Leben lang tun musst, wofür Du aber den Lohn eines erfüllteren, lustvolleren Lebens bekommst. Du musst natürlich für Dich selber nachspüren, was Dir in den drei Bereichen gut tut. Dennoch möchte ich Dir ein paar Anregungen geben:

Um dem Körper Gutes zu tun, musst Du ihn auf jeden Fall bewegen. Dein Körper ist von der Natur nicht für dauerndes Sitzen optimiert worden, sondern dafür, dass Du gehst oder läufst und Deinen Körper belastest. Das ist für die meisten Männer in unserer Gesellschaft im Beruf kaum mehr möglich. Um das auszugleichen, ist in der Freizeit Bewegung angesagt! Allerdings ist es nicht egal, wie und wie oft Du den Körper bewegst. Die meisten Menschen machen den Fehler, sich nur einmal in der Woche wirklich zu bewegen. Dabei üben sie auch noch Sportarten so aus, dass sie dem Körper schaden, statt ihm zu nützen. Sie überlasten ihn, statt ihn ausgewogen zu belasten. Um den Körper aufzubauen, ist eine mittlere, ausdauernde Belastung besonders wichtig. Die erzielt man zum Beispiel beim Laufen. Aber auch kurze hohe Belastungen zwischendurch sind notwendig. Dreimal in der Woche eine halbe Stunde langsam laufen und statt den Lift immer die Treppen zu nehmen, ist schon eine ziemliche gute Kombination. Du tust damit Deiner Gesundheit, Deinem Äußeren und Deinem Sex etwas sehr Gutes. Deiner Gesundheit, weil sich

Deine Abwehrstoffe erhöhen, Deinem Äußeren, weil Du Fettpolster abbaust, und Deinem Sex, weil Dein Hormonspiegel und damit Deine Libido steigen.

Auch körperliche Arbeit tut Deinem Körper gut, wenn Du es nicht übertreibst. Einmal müde zu sein von dem, was Du im Schweiße Deines Angesichts und mit den eigenen Muskeln geschafft hast, tut Deinem Körper gut und auch der Seele. Auf der anderen Seite ist es natürlich auch wichtig, darauf zu schauen, dass Du Deinem Körper nur in möglichst geringem Ausmaß Schlechtes zufügst! Richtige Ernährung und wenig bis keine Suchtgifte wie Alkohol oder Zigaretten, genug Schlaf, viel frische Luft und Sonne – und Deinem Körper wird es gut gehen. Achte vor allen Dingen auch auf Deine Gesundheit. Mach nicht den Fehler, den die meisten Männer begehen, und geh erst dann zum Arzt, wenn Du schon eine Zeitlang die Zähne zusammengebissen hast. Vorsorgeuntersuchung und Gesundheitscheck sollten in Deinem Leben keine Fremdwörter sein. Es ist wissenschaftlich erwiesen, dass wir Männer zu einem guten Teil auch deswegen früher sterben, weil wir unseren Körper als Maschine betrachten. Wir werden vielfach erst dann auf ihn aufmerksam, wenn er nicht mehr funktioniert. Tu Deinem Körper Gutes, damit Deine Seele lange Lust hat, darin zu wohnen!

Darüber hinaus erachte ich es für Dich, vor allem aber auch für Deine Partnerschaft, als wichtig, dass Du auf Dein Äußeres achtest. Pflege Deinen Körper, schau darauf, wie Du Dich kleidest, wie Du Dein Äußeres präsentierst. Ausnahmslos alle Frauen, mit denen ich gesprochen habe, haben mir erzählt, wie sehr sie sich von fettigen Haaren, ungepflegten Zähnen, dreckigen Fingernägeln und Körpergeruch abgestoßen fühlen. Denk einmal daran, wie Du auf Dich geschaut hast, als Du um Deine Partnerin geworben hast! Sie verdient es auch heute noch, dass es ihr Herz erfreut, wenn sie Dich sieht.

Heutzutage arbeiten die meisten Männer vorwiegend mit dem Kopf, also mit dem Geist. So könnte man glauben, es sei für sie gar nicht so wichtig, besonders darauf zu achten, dass sie ihrem Geist etwas Gutes tun. Doch das stimmt leider für die meisten trotzdem nicht. Die geistige Belastung ist oft sehr einseitig und deshalb ist es auch hier notwendig, auf Ausgleich zu achten. Gerade weil wir in der heutigen Zeit so kopflastig unterwegs sind, geben wir unserem Geist sehr viel mehr Raum als dem Körper und der Seele. Daher ist es besonders wichtig, darauf zu achten, dass wir unserem Geist Gutes tun. Dies kannst Du vor allem durch die Auswahl dessen erreichen, womit Du ihn beschäftigst. Sicher, im Beruf wird das nicht so ganz einfach sein, da kann man es sich nicht wirklich aussuchen. Doch müssen wir wirklich in der Freizeit mit Zweit- bis Drittklassigem zufrieden sein? Tun wir unserem Geist etwas Gutes, wenn wir ihm schlechte Zeitungsartikel, oberflächliche Fernsehserien und miese Talkshows als Nahrung geben?

Helmut Gansterer, Journalist und langjähriger Herausgeber des Wirtschaftsmagazins „Trend", hat in einem seiner Artikel geschrieben: *„Wir Menschen sind wie ein Behälter mit offenem Deckel, in den wir die Informationen hineinwerfen. Wenn wir Mist hineinwerfen, werden wir eine Mülltonne sein, und wenn wir nur das Beste hineintun, werden wir zu einem Schatzkästchen."*

Damit Du Deinem Geist wirklich etwas Gutes tust, ist es notwendig, ihn in Deiner Freizeit mit ausgewählten, wertvollen Dingen zu befassen. Beschäftige Dich mit Musik, geh ins Theater oder Kabarett. Konsumiere Bücher, Zeitschriften und Filme, die Deinen Geist fördern und aufbauen, statt ihm zu schaden. Damit tust Du übrigens auch Deiner Beziehung etwas Gutes, da Du Interessantes erfahren wirst, worüber Du dann mit Deiner Partnerin sprechen kannst.

Auch der Geist will, genauso wie der Körper, trainiert werden. „Gehirn-Jogging" durch Denksportaufgaben, bei denen Du analysieren, kombinieren oder Dir etwas merken musst, hält Deinen Geist bis ins hohe Alter fit. In die Tiefe gehen, Dinge von mehreren Blickwinkeln betrachten, hinterfragen und Alternativen überlegen – all das macht Deinen Geist weit und flexibel. So bleibst Du auch als geistig adäquater Partner attraktiv.

Deine Seele möchte natürlich genauso gepflegt und beachtet werden. Es ist zwar nicht so leicht greifbar, wie Du ihr Gutes tun kannst, doch die Aussprüche „Das ist Balsam für die Seele" und „In der Wiese liegen und mit der Seele baumeln" geben schon die richtige Richtung an. Besonderen Balsam gewährst Du Deiner Seele, wenn Du Dich an schönen Dingen erfreust. Sei es, dass Du in der Natur bist, sei es durch Musik, sei es durch Gedichte. Die schönen Dinge, die Du siehst, hörst oder liest, erfreuen Deine Seele. Besonders fördern kannst Du Deine Seele, wenn Du ihr dadurch Ausdruck verleihst, dass Du selbst schönen Dinge schaffst. Malen, Musik machen, Gedichte schreiben, Geschichten erfinden – all das und noch viel mehr erfreut Deine Seele. Ich kann Dir aus eigener Erfahrung sagen, dass es nicht so schwer ist, wie man am Anfang glaubt. Und ich kann Dir versichern, dass es Deiner Seele gut tut, wenn Du ihr auf die eine oder andere Art eine Stimme gibst. Ich habe erst mit 35 begonnen, Gitarre spielen zu lernen. Ich kann es zwar nicht besonders gut, aber es macht mir sehr viel Spaß. Seit vier Jahren schreibe ich auch Gedichte, in denen ich den Zustand meiner Seele und meines Herzens ausdrücke.

Gerade die Seele braucht es, Zeit zu verschwenden. Einfach etwas zu tun um seiner selbst willen, ohne Ziel und Zweck – oder auch einmal einfach nichts zu tun. Schenke Deiner Seele diese Zeit, die ihr so gut tut. Ein besonderes Labsal in dieser Zeit sind die fünf heilsamen Dinge im

Leben: Erzählen, Singen, Tanzen, Lachen und Weinen. Lass keine dieser Möglichkeiten aus, um Deiner Seele Nahrung zu geben.

Der Ort, wo Deine Seele die meiste Energie tanken kann, ist wohl die Beziehung des Feuers. Begegnung mit Deiner Partnerin, mit einer verwandten Seele, auf die Du Dich einlassen kannst, mit der Du in die Tiefe gehen kannst, bei der Du Dich öffnen kannst, wobei Du Dich im Bild des anderen erkennen kannst – es gibt nichts Schöneres.

Wenn Du jedoch ohne Beziehung bist, so gilt all das für Dich noch stärker. Jage nicht wie wild der nächsten Partnerschaft nach, sondern schau auf Dich, tu Deinem Körper, Deinem Geist und Deiner Seele Gutes. Du wirst Dich damit nachhaltig verändern und attraktiver sein. So wie Du mit Dir umgehst, so wirst Du auch mit Deiner Partnerin umgehen. An dieser Erwartung Deiner Umgebung ist etwas Wahres dran. Im neuen Testament der Bibel heißt es, das wichtigste Gebot ist „Liebe Deinen Nächsten wie Dich selbst“. Die meisten Menschen denken dabei hauptsächlich daran, dass sie auf andere achten müssen. Das ist natürlich auch eine Aussage dieses Gebots. Zusätzlich bedeutet es aber, dass Du auf Dich achten und Dich selbst gut behandeln sollst. In diesem Gebot steckt die Aussage: Liebe Dich selbst!

All das gilt in besonderem Maße, wenn Du in einer Langzeitbeziehung bist. Lass Dich nicht gehen, bleibe attraktiv, in jeder Hinsicht. Es wird Dir gut tun und Deiner Partnerin. Sei sensibel für die Zeichen, die Dir Deine Umwelt, Dein Körper, Dein Geist und Deine Seele geben. Dann wirst Du spüren, was Du brauchst, um die drei im Gleichgewicht zu halten, was auf Deinem Weg zu einem ganzheitlichen Mann an der Reihe ist. Und Du wirst immer mehr sagen können: Ich bin, der ich bin.

## 29. Was Frauen glücklich macht

Mit diesem Buch habe ich versucht, viel von dem aufzuzeigen, was Dich beziehungsfähiger machen kann. Dinge, die Dich verwurzeln und Dir Ruhe und Gelassenheit und gleichzeitig Energie und Freude schenken. Ich habe Dir Wege zu Dir selbst gezeigt, Dich in die Urzeiten Deines Daseins zurückgelockt und Dich die Hintergründe Deiner Glaubenssätze suchen lassen. Ich habe Dich mit dem Weiblichen in Dir konfrontiert und mit der Wolfsfrau vertraut gemacht. Ich habe Dir die Beziehung des Feuers gezeigt und die Fundamente, auf denen sie aufgebaut werden kann. All das habe ich getan, um Dich zu Deiner inneren Kraft und Stärke zu führen. Aus dieser Stärke heraus wirst Du viel von dem in Dein Leben integrieren können, was Frauen glücklich macht.

Wenn Du das Buch schnell gelesen hast, so wäre es sicher hilfreich, wenn Du es nun noch einmal langsam durcharbeitest. Vielleicht hast Du die Übungen und Meditationen ausgelassen und möchtest sie Dir jetzt noch einmal anschauen. Oder Du nimmst Dir noch einmal jene Kapitel vor, die Dich besonders betroffen haben. Eine sehr gute Idee ist auch, das Buch gemeinsam mit Deiner Partnerin durchzugehen. Nehmt Euch dabei die Zeit, die einzelnen Kapitel miteinander zu diskutieren und Euch darüber auszutauschen. Das Gespräch kann sehr heftig werden, aber es bringt Euch ganz sicher weiter!

Natürlich gibt es auch bei Beziehungen keine Garantie. Selbst wenn Du alles anwendest, was ich in diesem Buch geschrieben habe, muss das nicht bedeuten, dass Deine Partnerschaft bestehen bleibt. Liebe ist nicht unbedingt von ewiger Dauer. In diesem Buch steht, was Du beachten solltest, um Deine Partnerschaft glücklich und fruchtbringend zu gestalten. Doch auch wenn Du all das berücksichtigst, ist es keine Garantie für eine ewig dauernde Beziehung. Liebe lässt sich nicht erzwingen. Du kannst sie leicht zerstören, wenn Du die Grundlagen und Fundamente für eine gute Beziehung vergisst. Aber Du kannst sie nie festhalten. Eines kannst Du jedoch tun: sie bewusst genießen, solange sie andauert.

Wenn ich ein kurzes Resümee aus meinen Interviews ziehe, so macht Frauen gerade in der heutigen unsicheren Zeit ein Mann glücklich, der ihnen Sicherheit gibt. Nicht die Sicherheit, um die es früher gegangen ist – im Sinne von „sie bleibt daheim und er bringt irgendwann das Geld nach Hause“. Frauen wünschen sich die Sicherheit, dass ihr Partner zu ihnen steht, sie unterstützt, dass er mit ihnen den Weg geht. Sie wünschen die Sicherheit eines Wegbegleiters, nicht die eines Versorgers. Sie wünschen sich die Sicherheit eines Partners, der sich seiner selbst sicher ist.

Am meisten betont haben meine Interviewpartnerinnen, dass eine gute, tragfähige, lustvolle und freudige Beziehung sie glücklich macht, eine Beziehung, in der die Fundamente stimmen: gute Kommunikation und Streitkultur. Viel Gemeinsamkeiten und große Freiräume. Von beiden übernommene Verantwortung für Kinder und Haushalt. Wertschätzung und Unterstützung der Wünsche und Träume. Lustvoller Sex und liebevolle Zärtlichkeit. Geborgenheit des Alltags und Freiheit der Spontaneität. Freundschaft und Liebe.

Natürlich machen Frauen auch die „normalen“ Dinge glücklich – Gesundheit, gutes finanzielles Auskommen, Freunde usw. Vieles, was mit Partnerschaft nichts zu tun hat, macht eine Frau ebenfalls glücklich: Selbstverwirklichung, Kreativität, Beruf, Natur, Verbundenheit mit anderen usw. In diesen Punkten ist es wichtig, dass Du Deiner Partnerin nicht im Weg stehst. Unterstütze sie, fördere sie und begleite sie, sei ihr auch hier Wegbegleiter.

Wir Männer und die Frauen sind grundverschieden – und einander doch so ähnlich. In Wirklichkeit macht jeden das Gleiche glücklich: geliebt zu werden um seiner selbst willen. Begehrt zu werden, zu spüren, dass man für den anderen attraktiv ist. Für den anderen die Nummer 1 in seinem Leben zu sein. Angenommen zu werden, so wie man ist. Ja, mehr noch: so gesehen zu werden, wie man sein könnte. Und das will man nicht nur am Anfang der Beziehung spüren, sondern immer wieder. Kein Mann will zur Selbstverständlichkeit werden, sondern er möchte für seine Partnerin immer etwas Besonderes in ihrem Leben sein – und genau dasselbe will auch sie.

Ich wünsche Dir, lieber Leser, dass Du selber glücklich bist. Ich hoffe, dass Du ein Stück weit zu Dir gefunden hast, dass Du lebendig, lustvoll und energiegeladen lebst, dass Du zu Deiner inneren Stärke Zugang hast. Ich wünsche Dir, dass Deine Partnerin glücklich ist und Du dazu beitragen kannst, ohne Dich dabei anstrengen zu müssen. Dass es leicht für Dich ist, dass es wie von selbst geht und Ihr Euch gegenseitig beflügelt. Lebe mit Deiner Partnerin den Tanz der Herzen, die Umarmung der Seelen und die Verbundenheit der Geister.

Sei Du selbst, sei, der Du bist. Mach Dich nicht größer oder kleiner, verbiege Dich nicht, um eine Beziehung zu halten. Geh notwendige Kompromisse ein, aber akzeptiere keine, die an Deine Substanz gehen. Lebe mit Deiner Partnerin die Beziehung des Feuers, tanze mit ihr, flieg mit ihr! Ich wünsche Dir und der Wolfsfrau an Deiner Seite ein langes, knisterndes, feuriges Beziehungsleben!

# Anhang

Was ich von einem Mann erwarte?
Dass er mich auf Händen trägt,
alles andere kann ich selber!

(Luisa Francia)

## 30. Die Wolfsfrau erzählt

Im Rahmen der Arbeit an diesem Buch habe ich neben den vielen Frauen, die ich über ihr persönliches Leben befragt habe, auch Expertinnen interviewt, die durch ihre Tätigkeit viel zu dem Thema zu sagen haben. Stellvertretend für alle Interviewten möchte ich sie zu Wort kommen lassen:

Elfriede Hammerl, Journalistin im „Profil" und diversen Zeitschriften, Schriftstellerin, engagierte Gender-Mainstreaming-Unterstützerin:

*Frauen macht vieles glücklich. Zum Beispiel das Gefühl, etwas Sinnvolles tun zu können, im Beruf oder in der Familie. Natürlich auch geglückte Beziehungen, mit Freunden, den Kindern und selbstverständlich auch dem Partner. Vom Partner wünschen sie sich in all dem Unterstützung und Begleitung. Einfach die richtige Balance zwischen Festhalten und Loslassen.*

*In der Realität werden aber viele Frauen von ihren Männern im Stich gelassen. Sie werden allein gelassen mit dem Haushalt, den sozialen Verpflichtungen und den Kindern. Meiner Meinung nach gibt es viel mehr allein erziehende Mütter, als die Statistik sagt, weil auch viele verheiratete Frauen in Wirklichkeit allein erziehend sind. Oft haben sie mit dem Mann quasi ein zusätzliches Kind, weil sie für ihn die zweite Mutter sind. Und bei einer Scheidung lassen sich Männer oft nicht nur von der Frau, sondern auch gleich von den Kindern scheiden. Sie verschwinden einfach aus ihrem Leben. Natürlich gibt es auch die umgekehrte Konstellation, dass Väter gern für ihre Kinder da wären, die Frauen sie aber nicht lassen. Diese Fälle sind aber viel, viel seltener.*

*Die Emanzipation hat – wenn man es provokant formulieren will – für die Beziehungen leider nicht allzu viel bewirkt. Sie hat den Männern kaum Rechte genommen, aber sie von vielen Pflichten befreit. Zwar haben Männer auch früher die ihnen zugedachten Pflichten nicht unbedingt wahrgenommen, aber sie mussten dann zumindest mit gesellschaftlicher Missbilligung rechnen. Auf der positiven Seite steht, dass Frauen und Männer einander viel mehr Freiraum zubilligen als früher.*

*Frauen macht in einer Beziehung glücklich, wenn sie die Gleichwertigkeit spüren. Wenn der Partner sie nicht bremst oder schubst, sondern beflügelt. Sie wünschen sich viel und gute Kommunikation, einen Partner, der mit ihnen spricht und ihnen zuhört. Sie möchten einen Mann, der sich selbst reflektiert – nicht erst dann, wenn es schon fast zu spät ist. Sie sehnen sich nach einem Mann an ihrer Seite, der nicht egozentrisch ist, sondern auch über den Tellerrand blickt. Nach einem Mann, der auch seine Mutter-Beziehung auf eine gute, erwachsene Basis gestellt hat, sodass seine Mutter nicht als drittes Rad ewig in der Beziehung mitspielt. Viele Frauen haben immer noch sehr konservative Erwartungen, was das Finanzielle anbelangt oder das Rollenbild, das sie in der Beziehung haben. Und doch wünschen sich alle Freiraum und Unterstützung gleichermaßen und einen Mann, der seine Verantwortung wahrnimmt.*

*Ich wünsche den Männern einen ganzheitlicheren Zugang zu Beziehungen. Legt mehr Wert auf die Qualität eurer Beziehung und tut auch etwas dafür. Traut euch, euch emotional wirklich auf die Partnerin einzulassen. Überlegt, ob ihr selber so behandelt werden möchtet, wie ihr eure Frau behandelt. Lasst die Rollenzuweisung verschwinden, sucht nicht bloß eine Geliebte oder einen Muttersersatz, schaut euch den Menschen dahinter an!*

Gabriele Kuhn, Journalistin im *Freizeit*-Magazin des „Kurier", Spezialgebiet Sexualität:

*Bei vielen Frauen ist immer noch sehr stark die Denkweise vorhanden „ich brauche einen Mann an meiner Seite". Um diesen zu halten, verleugnen sie sich selbst. Frauen leiden meiner Mei-*

*nung nach immer noch an extremer Beziehungssucht. Nur eine verschwindende Minderheit traut sich, alleine zu leben. Ich kenne nur ganz wenige Frauen, die das konsequent getan haben. Die jedoch haben daraus eine gewisse Stärke entwickelt, weil sie wissen: „Ich kann auch alleine sein." In einer späteren Beziehung können sie daher auch ihre persönlichen Interessen besser wahren. Die meisten anderen Frauen bleiben nicht bei sich, sondern verlieren sich in der Beziehung. Erst wenn der Leidensdruck sehr groß wird, stehen sie auf und gehen. Männer wiederum sind meiner Erfahrung nach „Wegschauer", sie würden wahrscheinlich alle verheiratet bleiben bis zum Tod, egal was passiert, und lieber nebenher eine Freundin haben.*

*Sehr viele Frauen hätten gern mehr Engagement von ihren Männern im Alltag. Viele Männer klinken sich da aus und sagen: „Ich gebe ohnehin das Geld, den Rest gibst du." Die Frauen wünschen sich aber eine wirkliche Unterstützung, die sie entlastet. Etwas anderes, was den Frauen von ihren Männern fehlt, ist echte Öffnung. Ich meine damit, dass sie sich ins Herz schauen lassen, dass sie sich selber spüren und auch ihre Frau etwas von sich spüren lassen. Viele Frauen machen heute Selbsterfahrungskurse, in denen sie genau das lernen. Und dann kommen sie heim und sehen, der Kerl sitzt schon wieder vor seiner Zeitung oder vor der Glotze und denkt nur, welche Aktien soll ich kaufen oder wer wird Fußballmeister. Die Frauen- und Männerwelten gehen da leider immer mehr auseinander, sowohl auf der Herzens- als auch auf der Bauchebene.*

*Die Männer müssten aufwachen und sehen, dass es auch andere Werte gibt. Es gäbe für sie noch so viel zu entdecken, in sich, in der Umwelt und in der Partnerin. Sie bräuchten eine Form von Aufbruch in eine ganz neue Art von Mannsein. Ein Mannsein, das viel mehr von den Facetten und Möglichkeiten lebt, die da sind. Viele Männer sind sehr bequem. Sie denken: „Es geht uns ohnehin gut, wir haben ein Haus, zwei Autos, gescheite Kinder, einen netten Hund und können uns schöne Urlaube leisten – was soll da fehlen?" Sie wollen sich oft gar nicht weiterentwi-*

*ckeln. Sie kämen nie auf die Idee, einmal einen Baum zu umarmen.*

*Auf dem Gebiet der Sexualität wünschen sich Frauen meiner Erfahrung nach einen kreativeren, spielerischeren, lustvolleren Umgang damit. Weniger pragmatisch, weniger auf Schiene, denn vielfach läuft es immer nach Schema F und das ist der Tod der Lust. Es geht um Experimente, kleine Überraschungen, Ausbrüche aus dem Alltag, ein Durchbrechen des üblichen Ablaufs. Es ist einfach fad, wenn man als Frau schon weiß, „aha, jetzt hat er da hingegriffen und als Nächstes wird er da hingreifen und danach wird er wahrscheinlich dort hingreifen und dann das machen." Da ist einfach absolut keine Spannung mehr dabei und auch keine Wertschätzung mehr der Frau als Geliebte und Lustspenderin spürbar. Wenn alles selbstverständlich wird, ist die Erotik dahin. Man müsste im Grunde seine Partnerschaft ständig neu erfinden, auch auf dem Gebiet der Sexualität.*

*In guten Beziehungen können beide sagen: „Ich will das und das." Es wird damit gut umgegangen. Für eine gelungene Partnerschaft muss dieser Spielraum einfach da sein und Konflikte, die aus unterschiedlichen Wünschen und Bedürfnissen entstehen, müssen gemeinsam bewältigt werden können. Männer machen Frauen hier oft durch Ignoranz unglücklich. Ignoranz in dem Sinn, als sie die Struktur der Frau und das was sie will, einfach nicht verstehen und entschlüsseln wollen. Sie wollen sich nicht die Mühe machen, in die Welt der Frau einzutauchen, wodurch oft Mauern entstehen. Das ist sicher das, was viele Frauen unglücklich macht, weil sie dann sehen, er ist ein völlig anderes Wesen, er denkt anders und da komm ich nicht ran. Dazu kommt dann oft noch die Wortkargheit und das Schweigen der Männer, was einer Verweigerung gleichkommt.*

*Die größte Tücke ist, sich in eine Rolle hineinpressen zu lassen, sowohl als Frau als auch als Mann. Bei sich zu bleiben ist das Wichtigste für den Menschen!*

Rotraud A. Perner, Sexualforscherin, Sozialwissenschaftlerin und Psychoanalytikerin:

*Wenn ich so an meine Klientinnen denke, dann wünschen sich Frauen von ihren Männern vor allem Beziehungsklarheit. Sie möchten nicht das Gefühl haben, sie würden belogen oder es würde ihnen etwas vorgespielt. Wenn ein Mann einer Frau etwas vorenthält, dann belastet das die Beziehung ungemein, egal was es ist. Viele Männer sagen mir jedoch: „Es ist mir zu lästig, mit ihr darüber zu reden, denn sie wird mich nicht verstehen."*

*Männer sind in Beziehungen viel anspruchsloser als die Frauen. Sie erwarten, dass es genügt, wenn sie in der Beziehung funktionieren, und darunter verstehen sie, nicht übermäßig zu rauchen und zu trinken, genügend Geld zu verdienen und beizeiten nach Hause zu kommen. Wenn sie das alles machen, dann hat ihrer Meinung nach die Frau zufrieden zu sein und neben ihnen her zu leben, wie es auch die Eltern getan haben. Doch die Ansprüche der heutigen Frauen sind viel höher. Frauen haben Ansprüche an romantische Gefühle, Tiefgang und Nähe. Diese gegenteiligen Erwartungen werden aber nie angesprochen und schon gar nicht abgestimmt. Es liegt bei Beziehungsproblemen vielfach an der fehlenden Kommunikation. Es fällt vielen schwer, einander zu sagen, was man wirklich will.*

*Dann gibt es auch sehr viele Paarungen, in denen der Mann ein Lückenbüßer ist, die Frau ihn eigentlich gar nicht will. Er gefällt ihr gar nicht so besonders, sie liebt ihn auch nicht, der Sex mit ihm macht ihr keinen Spaß, aber sie will nicht allein sein und es ist eben kein besserer da. Die Vorstellung vom Alleinsein ist für viele Frauen immer noch so ein großer Horror, dass sie lieber mit jemandem zusammen sind, der ihnen auf die Nerven geht. Das ist natürlich auch für die betroffenen Männer nicht gerade beglückend. Viel ehrlicher wäre es dann, auseinander zu gehen.*

*Viele Paare heiraten heute zwar nicht mehr, aber sie ziehen zusammen und warten, dass das große Glück kommt. Sie tun jedoch nichts dafür, um jene Intimität herzustellen, durch die Liebe überhaupt erst wachsen kann und Tiefgang erhält. Dazu gehört eben sehr viel Kommunikation, nicht nur auf der Kopf-, sondern auch auf der Herzebene. Die meisten Männer haben hier einen großen Nachholbedarf. Aber erst gestern habe ich beim Autofahren zwei deutschsprachige Lieder gehört, in denen Männer gar nicht schnulzig, sondern sehr gefühlvoll Sehnsucht und Liebe ausdrücken. Es gefällt mir, dass endlich auch Männer hier eine Sprache dafür finden.*

*Männer, bleibt bei euch selber. Wenn ihr eine Frau umwerben wollt, dann gebt ihr Feedback. Sagt ihr, was euch an ihr gefällt, aber unterwerft euch nicht. Viele Frauen sind heute sehr stark, wollen aber dennoch einen ebenbürtigen Partner. Dass Männer früher Frauen unterdrückt haben, war natürlich falsch. Aber heute das Gegenteil zu tun und sich zum Bediener der Partnerin zu machen, wie es manche Männer versuchen, ist auch falsch. Damit es wirklich eine Partnerschaft wird, muss jeder bei sich bleiben und sich in die Beziehung einbringen. Das richtige Zusammenspiel von Nähe und Distanz ist gefragt.*

*In der Sexualität sehe ich sehr oft Probleme in den Beziehungen, weil nur eine geringe Anzahl an Partnerschaften wirkliche Mann-Frau-Beziehungen sind. Die meisten Partnerschaften sehe ich als Mutter-Sohn-, Vater-Tochter- oder Bruder-Schwester-Beziehung. Und wenn es dann in der Sexualität nicht so läuft, so zieht sich der „Sohn" beleidigt zurück, der „Vater" erzwingt sich sein Recht und der „Bruder" sucht sich anderweitige Beschäftigung – einzig der „Mann" wird dennoch dran bleiben, nicht lästig, aber bestimmt. Frauen wollen umworben werden, aber auf eine zeitgemäße Art. Sich aufeinander einlassen, einander in die Augen schauen, miteinander schwingen, das ist der Schlüssel zum Erfolg. Dazu gehört es auch, sich Zeit dafür zu nehmen. Eine gelungene Sexualität beginnt mit einem Lächeln in der Früh und nicht erst mit dem Griff auf den Po der Frau am Abend nach dem Essen. Wir leben leider in einer übersexualisierten Welt und denken viel zu schnell ans Bett und pflegen die Erotik nicht.*

*Ich möchte den Männern raten, im Hier und Jetzt zu bleiben, zu ihren Gefühlen zu stehen und nicht zu dulden, dass andere diese Gefühle in den Dreck zu ziehen. Sie sollten die Verantwortung für das eigene Glück bei den Frauen lassen, sie nicht zu ihrem Glück zu zwingen versuchen. Und doch das ihre dazu beitragen, indem sie ihr eigenes Glück kennen und es mit ihrer Partnerin teilen.*

Daniela Schwarz, Geschäftsführerin der PR-Agentur „Die Schwarz“:

*Viele Frauen brauchen ein rundherum Glücklich-Sein, eine Harmonie in all ihren Lebensbereichen. Wenn es in einem Bereich massiv nicht passt, dann können alle anderen total gut laufen, es nützt nichts. Sie können dann nicht glücklich sein. Und bei vielen Frauen ist der Bereich, wo es nicht passt, die Beziehung.*

*Männer können sehr viel zu einer gelungenen Partnerschaft beitragen. Zum Beispiel Humor. Ich würde so gerne mit einem Mann lachen, statt über ihn. Verlässlichkeit ist ebenfalls eine sehr wichtige Sache. Und am wichtigsten ist sein Selbstbewusstsein, nicht in dem Sinn, dass er ein egozentrischer Macho ist, sondern dass er sich seiner selbst bewusst ist, sich kennt und mag. Ein selbstbewusster Mann muss nicht dauernd beweisen, wie gut er ist – im Gegensatz zu den Machos, die immer gockeln und sich aufplustern, was den meisten Frauen sehr auf die Nerven geht. Starke Frauen wollen keine Selbstdarsteller neben sich, die permanent mehr scheinen, als sie sind.*

*Ich kenne durch meinen Beruf sehr viele in ihrem Beruf erfolgreiche Frauen. Diese haben oft Probleme damit, dass Männer wegen eigentlich selbstverständlicher Dinge bewundert werden wollen. Eine Frau, die im Beruf an einer Top-Position steht und wichtige Entscheidungen trifft, tut sich sehr schwer damit, privat ihren Partner dafür zu bewundern, dass er einen Erlagschein ausfüllen kann.*

*Das, was starke Frauen sich von ihren Partnern wünschen, ist Stärke, Bewusstsein, Humor. Sie brauchen einen Mann, der auch kein Problem hat, einmal einen halben Schritt hinter ihr zu stehen, ohne Blödheiten zu machen oder umzufallen. Der ihr ihre Stärke zugesteht und ihr dort, wo sie den Vortritt hat, diesen auch lässt, ohne deswegen gleich Minderwertigkeitskomplexe zu bekommen. Wichtig sind auch Toleranz und Flexibilität, von beiden Seiten. Und eine wirklich partnerschaftliche Beziehung, in der die gemeinsamen Pflichten und Verantwortungen, wie Haushalt, Kinder usw., von beiden wahrgenommen werden und nicht der Frau alleine umgehängt werden.*

*Je stärker die Frau, desto mehr wünscht sie sich nach meiner Erfahrung einen starken Partner und desto weniger kann sie mit einem Macho oder einem Weichei anfangen. Sie sucht nach einem adäquaten Partner, auf demselben Level, in derselben Intensität und in derselben Kraft. Leider gibt es die unter den heutigen Männern viel zu wenig. Den ganzheitlichen Zugang zu Kraft, ohne Machotum und Sensibilität, ohne ein Waschlappen zu sein, finden nur wenige. Dazu gehört auch Sensibilität für die kleinen Dinge. Es beeindruckt mich nicht, wenn ein Mann mit dem Porsche ankommt, es beeindruckt mich, wenn er geputzte Schuhe hat.*

*Ich definiere das Ideal eines Mannes immer so, dass er aufrecht auf zwei Beinen geht, in ganzen Sätzen spricht und sich wäscht. Das klingt jetzt sehr hart, ist aber auch heute noch durchaus das, was an einem Mann etwas Besonderes und Faszinierendes ist: ein wohlriechender, sauberer, gepflegter Mann, der im Gespräch was hergibt, auch langfristiger, der auch am dritten Abend noch etwas Neues zu sagen hat und der aufrecht geht, also ein gerades Rückgrat hat und für das einsteht, was er meint – solche Exemplare sind selten.*

*Viele Männer engen ihre Partnerin ein, durch überzogene Ansprüche, durch Nichterfüllung von Verantwortlichkeiten, durch Eifersucht, durch Unverbindlichkeiten. Ich empfehle den Männern, Unsicherheiten abzulegen und klar und spürbar zu werden. Zu sich und zu dem zu stehen, was sie wollen, ohne ihren Willen der Partnerin aufzuzwingen. Der Partnerin jene Freiräume zu geben, die sie braucht, ohne die Nähe aus den Augen zu verlieren. Freiraum ist wichtig, um Frischluft in die Beziehung zu bringen, um sie auch nach langer Zeit noch lebendig zu erhalten. Ich würde mir von den Männern wünschen, dass sie locker bleiben oder locker werden. Sich selbst ernst nehmen und die Partnerin ernst nehmen ist wichtig, doch fünf auch einmal gerade sein zu lassen und ein Auge zuzudrücken, ist noch wichtiger, um nicht zu versteinern. Das ausgewogene Gleichgewicht zwischen Reflexion und Spaß macht die gute Mischung.*

## 31. Nachwort

Der Weg zu Deiner inneren Stärke, zum Wilden Mann, ist mit dem Lesen dieses Buches allein wohl kaum vollendet. Gut wäre es, wenn Du Dir auch andere Männer suchst, die wie Du auf dem Weg sind oder sich mit Dir auf den Weg machen. Gerade im gegenseitigen Austausch wachsen und reifen auch wir Männer – wie mir die Teilnehmer meiner Seminare immer wieder bestätigen.

Wenn Du in Deiner Umgebung keine Männer kennst, die sich für einen Austausch anbieten, kannst Du vielleicht ein Männerseminar besuchen oder eine organisierte Männerrunde finden und Dich dort mit Gleichgesinnten ins Thema vertiefen. Auf meiner Homepage *www. maenner-seminare.at* findest Du die Seminare und Vorträge, die ich anbiete, aber auch Verweise zu anderen Veranstaltern und für uns Männer interessanten Links.

Unter *www.das-labyrinth.at* und *www.das-labyrinth.de* findest Du übrigens eine Liste von frei begehbaren Labyrinthen, die Du aufsuchen kannst. Wenn es Dir möglich ist, geh eines davon meditativ wie in Kapitel 27 beschrieben, es wird Dich sicher bereichern.

Bei Fragen zu meinen Veranstaltungen oder zu diesem Buch und für Feedback und Anregungen schicke mir einfach ein E-Mail *(m.twrznik@maennerseminare.at)* – ich würde mich wirklich freuen!

# Weiterführende Literatur

## Zu den Archetypen

Carl Gustav Jung: Archetypen. München, dtv, 2001

Manfred Twrznik: Aufbruch zum Mann. Stark, lustvoll und weise – in Beruf, Alltag und Beziehung. München, Claudius, 2002

## Zum Wilden Mann

Robert Bly: Eisenhans. Ein Buch über Männer. München, Knaur, 1993

Sam Keen: Feuer im Bauch. Über das Mannsein. Bergisch Gladbach, Bastei-Lübbe, 1993

Ton van der Kroon: Die Rückkehr des Löwen. Von Liebe, Lust und Herzenspower. Freiburg, Bauer, 1998

Michael Meade: Die Männer und das Wasser des Lebens. Wege zur wahren Männlichkeit. München, Droemer Knaur, 1996

Ray Raphael: Vom Mannwerden. Übergangsrituale in der Welt der Männer. München, Hugendubel, 1993

Richard Rohr: Der wilde Mann. Geistliche Reden zur Männerbefreiung. München, Claudius, 1986

## Zur Wolfsfrau

Clarissa Pinkola Estés: Die Wolfsfrau. Die Kraft der weiblichen Urinstinkte. München, Heyne, 1993

Julia Onken: Herrin im eigenen Haus. München, Goldmann, 2001

Sylvia Brinto Perera: Der Weg zur Göttin der Tiefe. Die Erlösung der Dunklen Schwester: eine Initiation für Frauen. Interlaken, Ansata, 1985

## Zu Mann und Frau

Renate Daimler: Die unsichtbaren Mitspieler. Düsseldorf, Econ, 1995

John Gray: Männer sind anders. Frauen auch. Männer sind vom Mars. Frauen von der Venus. München, Goldmann, 1998

Allan & Barbara Pease: Warum Männer nicht zuhören und Frauen schlecht einparken. München, Ullstein, 2000

Maja Storch: Die Sehnsucht der starken Frau nach dem starken Mann. München, Goldmann, 2002

Paul M. Zulehner: MannsBilder. Ein Jahrzehnt Männerentwicklung. Ostfildern, Schwabenverlag, 2003

## Zur Sexualität

Paul Joannides (Hrsg.): Wild Thing. Sex-Tipps for Boys and Girls. München, Goldmann, 1998

Deborah McKinlay: Sexxx. Die Wahrheit. München, Knaur, 1997

Rotraud A. Perner: Ungeduld des Leibes. Die Zeitrhythmen der Liebe. Wien, Orac, 1994

Diana Richardson: Zeit für Liebe. Sex, Intimität & Ekstase in Beziehungen. Köln, Osho, 2001

## Zu einem erfüllten Leben

Bernard Benson: Der Weg ins Glück. Hamburg, Hoffmann und Campe, 1987

Mathias Jung: Mut zum Ich. Lahnstein, emu, 1997

Anthony de Mello: Der springende Punkt. Wach werden und glücklich sein. Freiburg, Herder, 1991

Silvia zur Schmiede, Manfred Miethe: Wer glücklich ist, kann glücklich machen. München, Scherz, 1997